LE

CONGRÈS DE VIENNE.

IMPRIMÉ CHEZ PAUL RENOUARD, RUE GARANCIÈRE, N. 5.

LE
CONGRÈS DE VIENNE

DANS SES RAPPORTS

AVEC LA CIRCONSCRIPTION ACTUELLE

DE L'EUROPE,

PAR

M. CAPEFIGUE.

POLOGNE. — CRACOVIE. — ALLEMAGNE. — SAXE. — BELGIQUE.
ITALIE. — SUISSE. — 1814-1846.

PARIS

AU COMPTOIR DES IMPRIMEURS-UNIS,
— COMON ET Cie. —
QUAI MALAQUAIS, Nº 15.

Janvier 1847.

Une des causes qui souleva le plus vivement l'Europe contre l'empire de Napoléon, ce fut le système de réunion violente et d'agglomération capricieuse.

Chaque matin on lisait dans le *Moniteur* un de ces décrets en quelques lignes, qui au détriment des traditions historiques et des liens de nationalité, déclarait que Hambourg, Rome, Raguse, l'Istrie ou la Dalmatie étaient réunis à l'Empire français.

L'Europe alors baissait la tête sous la force, mais silencieusement elle recueillait ses griefs et quand le grand jour de délivrance arriva, rois et peuples furent debout pour renverser la puissance oppressive qui avait méconnu le droit. Cette réaction est vieille comme Charlemagne. La violence même civilisatrice amène le soulèvement de tous.

C'est parce que je suis profondément l'ennemi de l'esprit révolutionnaire, que je supplie les cabinets de réfléchir sur leur dernier acte, la réunion de Cracovie au mépris des traités. Un acte dénué de justice et de légalité fait un bien grand tort à l'esprit européen, et l'homme éminent qui préside aux destinées de l'Autriche a pu s'en apercevoir lorsqu'il n'a pas eu d'autre raison à invoquer que le cas de guerre pour justifier la prise de possession de Cracovie.

Depuis 1814, un esprit de calme, de justice et de paix avait dominé la politique des

États; le congrès de Vienne avait commencé un système de justice et de réparation; la Sainte-Alliance elle-même n'avait pas d'autres bases.

Nous sommes tout d'un coup rejetés en arrière et c'est un très grand tort que de faire de la force la souveraine du monde, car elle a ses faveurs capricieuses et son sceptre est une épée!

Il n'est plus désormais de sécurité pour personne et la correspondance des hommes sérieux de l'Europe doit apprendre aux cabinets l'effet produit à Constantinople, en Allemagne, en Italie par la prise de possession de Cracovie.

Sans doute on ne fera pas la guerre pour cela, mais la violation du droit public est quelquefois plus terrible que la guerre. Celle-ci a une fin; le manque à un engagement solennel tient un glaive suspendu perpétuellement sur la tête de tous : qui peut désormais garantir un système de neutralité ou d'indépendance?

Rien d'étonnant qu'un frisson de crainte et de douleur se soit manifesté au cœur de tous les États de second ordre; les faibles ont peur et c'est une crise.

Je crois que depuis 1830 nul événement n'a été plus sérieux, parce que pour la première fois l'Europe est dans son tort et se montre violemment agressive en dehors des traités; et les esprits d'ordre, de conservation et d'avenir en éprouvent une peine profonde! Ce livre en est l'expression.

LE CONGRÈS DE VIENNE

DANS SES RAPPORTS

AVEC LA CIRCONSCRIPTION ACTUELLE

DE L'EUROPE.

~~~~~~~~~~~~~~~~~~~~~~~~~~~~~~

On vient de faire la récente expérience de tout ce qu'a d'important pour un pays l'étude du droit diplomatique. Une nation telle que la France n'est pas née d'hier; elle ne date pas exclusivement de ce chiffre égoïste de 1789 que notre orgueil pose à tout le monde comme la dernière limite de l'esprit humain. Les traités des XVIIe et XVIIIe siècles viennent d'être invoqués comme s'ils étaient faits de la veille et les transactions d'Utrecht sont expliquées et commentées avec la jeunesse et la nouveauté de nos jugemens.

Cette direction d'idées a placé les esprits dans une situation particulière; les caractères les plus paresseux se sont vus forcés à travailler, à fouiller bien ou mal; on s'est aperçu que l'étude du passé était bonne à quelque chose et que notre grande histoire formait un tout, avec son passé, son présent et son avenir.

L'insuffisance de l'éducation politique et la vanité des jugemens sont un peu les défauts de notre époque; la génération nouvelle parle, agit, condamne ou absout sans connaître les faits; elle veut régir l'Europe sans en savoir le Code.

Prenons un exemple récent. On a dit partout dans la presse plus ou moins éclairée : « la réunion de Cracovie à l'Autriche a brisé les traités de Vienne; donc ces traités ne nous obligent plus, et nous pouvons relever les fortifications d'Huningue. »

Oui, l'article VI de l'acte final du congrès de Vienne a été violé par l'acte qui réunit Cracovie à l'Autriche, nul n'en doute; mais ce n'est pas cet acte final qui a prescrit la démolition des ouvrages d'Huningue; c'est le traité signé à Paris le 20 novembre 1815, tandis que le congrès de Vienne avait clos ses travaux le 9 juin de la même année. Cette confusion a donné des armes à la polémique de l'*Observateur autrichien*; et c'est une faute.

Ce n'est pas l'Europe qui a imposé la démolition des fortifications d'Huningue, mais les négocians de Bâle qui l'ont demandée pour s'éviter dans l'avenir un bombardement semblable à celui que le général Barbanègre leur avait fait subir en 1815.

Nous citons ces faits parmi cent autres; le patriotisme n'est pas toujours éclairé, ni studieux; il déclame avec plus d'énergie que de science. Il ne faut pas lui en faire un reproche: rien n'est moins dans le vrai que la poésie ou l'enthousiasme; et pourtant lorsque l'enthousiasme se lie à l'honneur de la patrie, il est noble même dans ses erreurs.

J'ai résolu encore d'aider l'étude de nos affaires diplomatiques par l'intelligence et la publicité des faits réels et des documens positifs.

Ce petit livre ne veut être qu'un manuel à l'usage de la discussion des Chambres et de la polémique des journaux; il est destiné à éviter beaucoup de recherches spéciales aux hommes de tribune, aux fonctionnaires, aux gens du monde qui s'occupent dans leur salon des affaires de ce pays. On fait tant de théorie que je me sens toujours porté à ramener les questions à leur réalité.

Le congrès de Vienne a fixé les bases du droit public actuel de l'Europe; il a été la conséquence du plus grand des bouleversemens à l'époque moderne, la révolution française et les conquêtes de Napoléon. C'est ce congrès dont on invoque journellement les actes et dont peu de personnes connaissent les dispositions précises.

Il m'a paru important d'en détailler les circonstances, les particularités, en ce qui touche les diverses souverainetés européennes et la circonscription des Etats. Tel est le but de ce travail qui ne sera ni éloquent ni magnifique d'expressions; je me défends de ces sortes de triomphe en notre temps.

Je résume d'abord quelques idées générales qui peuvent servir à l'étude du droit public.

On appelle *congrès* dans la langue diplomatique, les grandes réunions de souverains ou de ministres qui ont pour but non pas seulement la constitution d'un Etat particulier, mais la solution définitive d'un ensemble de questions qui touchent au droit général de l'Europe. Ce sont en quelque sorte les conciles diplomatiques; en quoi ils diffèrent des *conférences*, simples réunions de ministres, ayant pour objet une question spéciale plus ou moins grande, mais néanmoins particulière.

On distingue parmi les congrès :

1° Celui de Munster, qui finit par la paix de Westphalie (1648);

2° Celui de Nimègue, tenu sous l'influence des deux médiateurs, le pape et le roi d'Angleterre (1676, 1677, 1678 et 1679) dont la conséquence fut la paix signée entre la France et la Hollande le 10 août 1678 et le 5 février 1679 entre Louis XIV et l'Empereur;

3° Celui de Riswick (1697). La France, l'Espagne, l'Angleterre et la Hollande y signèrent la paix, le 20 septembre, par la médiation de Charles XII, roi de Suède; l'empereur fit un traité particulier le 30 octobre;

4° Celui d'Utrecht (1712 et 1713), véritablement capital, quoique l'Autriche n'eût définitivement traité qu'à Rastadt (6 mars 1714);

5° Celui d'Aix-la-Chapelle (1747 et 1748);

6° Celui de Teschen (1779).

Depuis la révolution française, il y a eu des

façons de congrès : celui de Rastadt (1797 et 1798), vrai simulacre pour prolonger le *statu quo* avant de commencer les hostilités. Il finit d'une manière déplorable par la violence exercée sur les plénipotentiaires français.

On appela aussi du nom de congrès les simples conférences d'Amiens (1800), pour le traité conclu entre la France et l'Angleterre, parce que l'Espagne et la Hollande y étaient intervenues, mais d'une manière si exclusivement dévouée à la France, qu'elles n'y avaient pas une action suffisamment libre pour constituer un congrès (1).

A Prague, en 1813, nouvel essai de congrès sous l'influence de l'état médiateur, l'Autriche, représentée par M. de Metternich, et dissolution sans résultat.

A Châtillon-sur-Seine (1814), au temps de nos malheurs, autre congrès, alors de toutes les puissances de l'Europe impitoyables et victorieuses. M. de Caulaincourt y vint demander les conditions de paix pour l'Empire; quoi qu'en aient pu écrire

---

(1) J'ai fait connaître tous ces congrès en détail dans mes travaux historiques sur *Louis XIV*, *le Régent*, *Louis XV* et *Louis XVI*, *la Révolution et l'Empire*.

les admirateurs de Napoléon, il acceptait des conditions si abaissées pour garder la couronne, que c'est honte de le dire (1)!

Tel est le résumé rapide des congrès qui précédèrent la grande réunion des souverains à Vienne. Avant d'étudier cette nouvelle époque de l'histoire diplomatique, il est besoin d'expliquer la situation de la France et de l'Europe lorsque ces conférences s'engagèrent après la chute de l'Empire.

§ Ier.

LA FRANCE ET LE TRAITÉ DU 30 MAI 1814.

Il ne faut jamais perdre de vue, en 1814, au moment où les affaires diplomatiques allaient s'engager à Vienne, cette circonstance dominante, qu'il y avait des faits accomplis d'une nature capitale. Les alliés avaient envahi la France; maîtres

---

(1) J'en donne la preuve dans mon travail sur l'*Europe pendant le Consulat et l'empire de Napoléon*.

de Paris, leurs armées débordaient d'une manière violente sur tous les points de l'Europe. Il se révélait un formidable fait de possession que Dieu avait permis et que nul ne pouvait contester.

La Russie, par ses armées, occupait toute la Pologne.

L'Autriche occupait l'Italie, excepté Naples.

Les Anglais et les Suédois tenaient la Hollande et la Belgique.

Les Prussiens la Saxe.

Les Wurtembergeois et les Badois tout le cours du Rhin.

Les Anglo-Portugais une portion de l'Espagne.

En même temps, il s'était opéré plusieurs restaurations spontanées au milieu des insurrections populaires : Ferdinand VII, en Espagne; la maison de Savoie en Piémont, la maison d'Orange dans toute la Hollande.

Depuis 1812 jusqu'au mois de mars 1814, des traités particuliers avaient été conclus entre les diverses puissances pour favoriser le mouvement militaire contre Napoléon et lui donner ce caractère universel qui avait brisé son impériale couronne.

Les traités d'Abo (juin 1812) de Oerebro (3 mars 1813) signé avec le prince royal de Suède lui assuraient la Norwége et la Guadeloupe comme indemnité des possessions perdues.

Par les conventions de Kalisch (février 1813) et de Reichenbach (14 juillet 1813), la Prusse avait obtenu la promesse formelle d'une reconstitution de frontière au moins aussi considérable que celle qu'elle possédait avant la guerre. Le traité de Tœplitz (9 septembre 1813) le plus curieux document historique, parce qu'il a été sans cesse renouvelé, portait les conditions suivantes : 1° Que la monarchie autrichienne serait reconstruite sur l'échelle la plus conforme possible à celle selon laquelle elle existait avant la malheureuse campagne de 1805, et la monarchie prussienne conformément à celle qui précéda la campagne également malheureuse de 1806; 2° Que la Confédération rhénane serait dissoute, et les États situés entre les frontières de France et celles des monarchies autrichienne et prussienne rendus indépendans; 3° Que les possessions de la maison de Brunswick-Lunébourg en Allemagne lui seraient restituées; 4° Qu'un arrangement à l'amiable entre les trois cours alliées fixerait le sort futur du grand duché de Varsovie. Par ces mêmes articles secrets, qui confirmaient les conventions de Trachemberg, Reichenbach et Peterswalden, les trois puissances s'engageaient à tenir chacune en campagne au moins 150,000 hommes !

L'Angleterre et l'Autriche pour attirer Murat dans la guerre commune s'étaient engagées à lui conserver Naples en pleine souveraineté.

Il y avait également des traités avec les cortès espagnoles, avec le Portugal, de manière à ce qu'on devait arriver dans le congrès, chacun les mains liées ; comme au reste cela s'était vu dans presque toutes les grandes assemblées diplomatiques qui n'étaient que des formes et des moyens de sanction pour les conventions déjà arrêtées (1).

Mais le lien le plus fort c'était celui qu'avait imposé à la France le traité du 30 mai 1814, conclu après la première occupation de Paris par les alliés, lorsque le droit de la guerre s'était prononcé contre nous.

Ce traité, toutefois, faisait une assez large part

---

(1) Particulièrement à Utrecht, où tout était fini à Paris avec M. Prior

aux frontières de France, et sur ce point il ne faut pas le confondre avec l'impitoyable convention du 20 novembre 1815, après la seconde invasion. Il était signé par le prince de Metternich, le comte de Stadion et le prince de Talleyrand; car l'Autriche stipulait pour ses alliés : on fixait les frontières de France au point où elles se trouvaient au 1ᵉʳ novembre 1792. Sur la frontière de Belgique nous gardions Chimay; dans Sambre-et-Meuse le canton de Valcourt; dans le département de la Sarre, Sarrebrouck avec Landau; le Rhin ensuite servait de limite : du côté du Jura, nos frontières étaient agrandies, par une fraction du canton de Léman; nous gardions la Savoie et Chambéry, puis Monaco.

En échange de ces concessions faites, la France acceptait les conditions suivantes qui tenaient à la circonscription générale de l'Europe. La Hollande, placée sous la souveraineté de la maison d'Orange, recevrait un accroissement de territoire. Les États de l'Allemagne seraient indépendans et unis par un lien fédératif. La Suisse neutre continuerait de se gouverner par elle-même. L'Italie, hors les limites des pays qui reviendront à l'Autriche, serait composée d'États souverains. L'île de Malte et ses dépendances appartiendraient en toute propriété et souveraineté à Sa Majesté Britannique (*Annexe A.*).

On doit remarquer ces dernières clauses qui font d'avance accepter par la France certains principes de réorganisation autour de ses frontières, en Hollande, en Allemagne, en Suisse et en Italie ; principes dont elle ne pourra se départir. Restait donc à savoir, ces points une fois réglés, quelle prépondérance serait réservée à la France dans le congrès européen. Ce congrès se tiendrait-il sans elle, ou au moins ne serait-elle que partie assistante, sans prendre part à la délibération commune, et une fois son territoire fixé par le traité du 30 mai 1814, devait-elle se contenter de son lot et ne pas se mêler du partage général de l'Europe ?

§ II.

ATTITUDE PRISE PAR LA MAISON DE BOURBON ; DIPLOMATIE DE M. DE TALLEYRAND.

La position la plus fâcheuse pour un pays c'est d'avoir subi la conquête et avec la conquête une sorte de réaction défavorable à sa prépondérance naguère excessive : telle était la France après les secousses et les angoisses de l'invasion en 1814; on se vengeait sur elle des folies de Napoléon. Les alliés étaient à Paris : quel langage pouvait-on leur parler pour être entendu? Celui de la force? ils étaient les maîtres. Celui d'un malheur digne et résigné? en diplomatie il est généralement peu écouté. Il fallait trouver un principe, un point d'appui, qui pût séparer la France de Bonaparte (brisée et envahie), de la France des Bourbons alors restaurée; et tel fut le plan politique de M. de Talleyrand. En partant donc de ce principe qu'il y avait restauration de la famille légitime, M. de Talleyrand effaçait d'un seul trait de plume les années de conquête et de violence, de revers et de fatalité de la république et de l'empire; il disait aux vainqueurs : « Ce qui se produit en France n'a rien de commun avec le passé de la révoluton et de Bonaparte; dès-lors il faut traiter la France non pas en pays conquis, mais en peuple délivré.

La conséquence de ce principe était simple et naturelle : « La France n'est plus envahie, mais la France est libre d'un joug odieux, elle n'a pas d'ennemis mais des alliés; vous devez la traiter en grande puissance, sans jeter un regard sur ses malheurs; vous devez lui laisser la force territoriale et morale qu'elle a toujours exercée dans le monde. »

Cette attitude, Louis XVIII la sut prendre merveilleusement; le vieux parti libéral lui fit le reproche de traiter les monarques victorieux à Paris, comme ses alliés. Dans ce titre précisément était la force de sa position diplomatique; s'il les avait traités comme des ennemis, n'était-il pas vrai, ces ennemis étaient vainqueurs, maîtres de Paris, ils pouvaient être impitoyables, comme ils le furent plus tard, hélas! par le traité du 20 novembre 1815 (1).

Une fois ce mot allié admis et reconnu, ce n'était plus qu'un traité de bonne harmonie, d'organisation, et tellement Louis XVIII sentait l'importance de cette situation, qu'une fois le principe de l'alliance adopté, il prit immédiatement la suprématie héraldique qui appartenait en histoire à la maison de Bourbon. On vit ainsi aux Tuileries, le vieux roi, tout goutteux, appuyé sur sa canne, prendre le pas sur l'empereur Alexandre et le roi de Prusse, quoiqu'ils fussent chez lui, aux Tuileries et maîtres de Paris; cela pour constater toujours la suprématie de sa maison. En diplomatie, une démarche en apparence insignifiante a souvent une grande portée parce qu'elle fait prendre une position nouvelle et meilleure.

Ceci se passait entre les souverains, et voici maintenant les conséquences qu'en tirait M. de Talleyrand. « Les intérêts de la France sans doute, spécialisés dans les questions de territoire et de nationalité ont été réglés par le traité de Paris du

(1) Voir mon travail sur *la Restauration*.

30 mai. Cela est net, écrit, et nous ne le contestons pas ; mais la force, la grandeur d'une nation ne résultent pas exclusivement de son territoire, de ses moyens matériels d'agir ; ils viennent encore de la prépondérance qu'elle exerce sur l'ensemble des transactions européennes. Si donc quelque puissance recevait une extension trop considérable, l'équilibre serait brisé, et quoique la part faite à la France fût équitable à un point de vue spécialisé, elle ne pourrait pas, elle ne devrait pas rester étrangère aux autres arrangemens de l'Europe. Ce fait selon M. de Talleyrand était tellement reconnu par les puissances, que dans l'art 6. du traité du 30 mai, la France devait intervenir pour régler diverses questions de politique générale : l'agrandissement de la Hollande, le lien fédératif de l'Allemagne et de la Suisse, et le partage des souverainetés en Italie. Or, si la France avait été appelée dans cette réorganisation, elle ne devait rester étrangère à aucune autre transaction européenne. »

Il est bon de voir cette attitude immédiatement prise par la maison de Bourbon, qui, à peine restaurée, parlait le langage historique de ses aïeux, aux jours de leur plus grande gloire et de la plus haute prospérité de la France.

Dans cette attitude forte et nouvelle, M. de Talleyrand voyait au reste qu'il pourrait être aidé par les intérêts divers qui allaient séparer l'Europe, et nés précisément de l'exécution du traité de Paris. A travers toutes les formes de la plus extrême modération et de la plus excessive tempérance, l'empereur Alexandre ne semblait préoccupé que d'une seule pensée, la constitution de la Pologne comme royaume adhérant à la Russie et tôt ou tard destiné à grouper les diverses fractions de cet Etat, attribuées dans les derniers partages à la Prusse et à l'Autriche. Reconstituer la nation polonaise était une des pensées les plus chères à l'empereur Alexandre, espérant peut-être que le protectorat russe tôt ou tard se changerait en domination absolue sur toutes les nations slaves (1).

La Prusse sans doute était blessée par la pensée définitive du czar sur la Pologne, que M. de Hardenberg savait aussi bien deviner; mais dans tous les arrangemens arrêtés, la Prusse trouvait une

---

(1) Lord Castlereagh avait profondément pénétré la pensée de la Russie et lord Stewart son frère l'avait écrit déjà en 1813.

suffisante indemnité dans la Saxe que la Russie était convenue de lui céder comme le ventre naturel de la monarchie prussienne si efflanquée; long ceinturon de l'épée du grand Frédéric.

Il n'en était pas ainsi de l'Autriche qui ne trouvait aucune compensation, si ce n'est en Italie, à ces deux agrandissemens de la Russie et de la Prusse qui lui faisaient véritablement peur. En supposant la constitution d'une Pologne russe, l'Autriche était menacée par sa tête, la Gallicie; et l'agrandissement de la Prusse par la Saxe prenait aussi l'Autriche sur son flanc, la Silésie. En aucune hypothèse, M. de Metternich ne devait, ne pouvait le souffrir, sous peine de voir dans l'avenir sa monarchie tout entière exposée à la double invasion russe et prussienne. On était alors aux idées normales de la vieille politique depuis grandement modifiées par la peur des idées révolutionnaires qui trouble souvent les meilleures têtes.

M. de Talleyrand qui avait parfaitement compris cette situation hostile des cabinets dut en conclure que dans un futur congrès l'Autriche marcherait tôt ou tard avec nous parce qu'elle avait intérêt à s'opposer à une telle extension de la Russie et de la Prusse. Quelques courtes conversations avec lord Castlereagh pendant son séjour à Paris, purent aussi le convaincre que l'Angleterre avait également un commun intérêt à s'opposer aux vues de la Russie sur la Pologne. Dès lors le rôle de la France était tout tracé; elle aurait au congrès une position non point à elle seule, mais une situation au moins à trois. L'Angleterre et l'Autriche lui rendraient toute son importance vis-à-vis la Prusse et la Russie. La force des choses irait à ce résultat de prépondérance française.

§ III.

CONVOCATION DU CONGRÈS A VIENNE.

L'article final du traité de Paris du 30 mai 1814 portait que dans le délai de deux mois, toutes les puissances engagées dans la dernière guerre enverraient des ministres à Vienne pour régler dans un congrès général les dispositions arrêtées.

Les deux mois expiraient le 30 juillet; mais le voyage des trois souverains (Alexandre, le roi de Prusse et l'empereur d'Autriche) à Londres, le retour subit du czar à Saint-Pétersbourg ne permirent pas l'exécution exacte de cet article; et la réunion du congrès fut prorogée jusqu'au 30 septembre. Vienne avait été choisi comme point central afin que toutes les questions pussent se décider sans retard; on avait d'ailleurs une foi très grande et très juste dans la capacité du prince de Metternich, qui avait joué le grand rôle diplomatique depuis 1813, et on lui devait cette marque de déférence (1).

Les grands souverains firent leur entrée à Vienne le 25 septembre; les rois de Bavière, de Danemark, du Wurtemberg y arrivèrent presque aussitôt et des fêtes précédèrent l'ouverture du congrès. Elles furent brillantes et coûteuses; le prince de Ligne nous en a laissé le tableau.

Les légations, c'est-à-dire les hommes qui devaient traiter les affaires étaient choisis avec une haute distinction; chaque puissance tenait à

---

(1) Le prince de Metternich avait conquis sa grande renommée dans les événemens de la fin de 1813, par les deux qualités qui le distinguent: la fermeté et la modération.

se faire représenter avec tout l'éclat de son rang. M. de Talleyrand qui présidait le conseil des ministres du roi Louis XVIII désira lui-même aller à Vienne; comme il avait dirigé d'une manière presque absolue la Restauration de 1814 et les événemens qui l'avaient préparée, il gardait en Europe la haute renommée de ses services antérieurs. A Vienne, il se poserait avec dignité, parce qu'il y avait en M. de Talleyrand un haut sentiment de la France, de la royauté et de lui-même. Il s'était adjoint le duc de Dalberg, son vieil ami, très avant dans les idées de la Restauration, libéral au fond de l'âme comme la plupart des gentilshommes de la Confédération du Rhin; bouche un peu indiscrète dont M. de Talleyrand se servait pour répandre certaines nouvelles, des projets que tout le monde devait savoir; et avec M. de Dalberg, les comtes de la Tour du Pin et Alexis de Noailles, jeunes hommes alors. Enfin comme secrétaire et tête d'intelligence, M. de la Besnardière qui appartenait aux bureaux des affaires étrangères.

Les autres légations se composaient ainsi : l'Autriche, qui devait présider le congrès, avait confié ses intérêts au prince de Metternich, l'homme d'état qui avait dominé les résolutions de la cour de Vienne, dans les plus récentes transactions. En M. de Metternich s'absorbait donc toute la légation autrichienne, comme la légation française se résumait dans M. de Talleyrand; seulement il s'était adjoint pour la forme M. de Wessemberg, esprit de distinction, au reste, et fort expert dans les intérêts de la coalition.

Comme toujours, le prince de Metternich avait des conseillers pour toutes les spécialités d'affaires, se réservant à lui seul la haute direction. Le baron de Gentz, le plus habile rédacteur politique, l'avait suivi comme secrétaire du congrès.

L'Angleterre envoyait à Vienne lord Castlereagh, qui déjà avait visité le continent, et premier ministre avait assisté aux conférences de Châtillon (homme d'état aux idées persévérantes, tenaces); l'Angleterre lui devait cette grandeur, cet éclat qu'elle venait d'acquérir dans la guerre par la chute de Napoléon, son implacable ennemi. Le duc de Wellington devait venir à Vienne, mais il n'y était point encore arrivé; lord Castlereagh s'était adjoint les lords Cathcart, Clancarty et

Stewart (frère du ministre), diplomates militaires, qui avaient suivi la campagne des alliés et assisté à tous les événemens.

La légation russe, composée des comtes de Nesselrode et Rasumowski, se trouvait dans la position subordonnée qui est un peu son caractère et sa destinée, quand l'empereur est présent. Or, dans les événemens de 1814, Alexandre avait joué un rôle si décisif, si personnel, que tout se concentrait en lui; rien ne se faisait en dehors du czar. M. de Nesselrode tenait, auprès de l'empereur Alexandre, le poste de secrétaire d'état, que M. Maret occupait auprès de Napoléon.

Le chancelier de Hardenberg représentait la Prusse, la plus tenace, la plus persévérante des puissances dans le congrès; il s'était adjoint le baron de Humboldt, non point le savant, trop populaire pour être complétement sérieux, mais le baron Guillaume de Humboldt, l'homme d'état bien plus considérable, qui avait donné une grande et ferme impulsion à la résistance de la Prusse et au soulèvement national qui en avait fini avec le despotisme de Napoléon (*Annexe B.*).

Telles étaient les grandes légations à Vienne,

où toutes les puissances du second ordre avaient envoyé leurs représentans, tous néanmoins absorbés par l'influence décisive des grandes cours. J'ai besoin d'ajouter que, même relativement à la prépondérance supérieure de l'Angleterre, de la Russie, de l'Autriche et de la Prusse, la France si récemment conquise et reconstituée sous une nouvelle dynastie, devait avoir une position inférieure résultant même de ce double fait; car l'occupation si récente de Paris n'était-elle pas une cause d'infériorité aux yeux de l'Europe? D'un autre côté, la restauration des Bourbons n'était alors qu'une épreuve dont le résultat était douteux; pouvait-on savoir si ce gouvernement avait en lui-même de la force, de la durée? M. de Talleyrand l'affirmait sans doute, mais on avait des notions contraires, plus ou moins exactes et cela jetait de l'incertitude dans l'attitude et la fermeté de la légation française à Vienne.

Aussi, dès les premières conférences des plénipotentiaires, une grande objection fut soulevée par les quatre puissances, l'Autriche, l'Angleterre la Prusse et la Russie, contre la participation des plénipotentiaires français à la distribution et au partage des territoires en dehors de son influence. Il fut dit par le plénipotentiaire prussien : « Que peut avoir à faire la France dans des actes qui ne la touchent pas? »

Dès le 16 septembre, les plénipotentiaires des quatre grandes cours ouvrirent des conférences préliminaires sur le premier article secret du traité de Paris, ainsi conçu :

« La disposition à faire des territoires auxquels Sa Majesté Très Chrétienne renonce, par l'art. 5 du traité patent, et les rapports desquels devait résulter un équilibre réel et durable en Europe, seront réglés en congrès sur les bases arrêtées par les puissances alliées elles-mêmes. »

Se fondant sur cet article, les plénipotentiaires soutinrent que, pour tout ce qui tenait à ces arrangemens, il devait être formé un comité spécial, composé exclusivement des représentans des quatre grandes cours, lesquels, une fois arrêtés sur les bases, les communiqueraient à la France et à l'Espagne. En conséquence, un protocole fut arrêté; il y était dit : « Que les quatre puissances conviendraient entre elles seules de la disposition des provinces disponibles, d'après le traité de Paris, et que la France et l'Espagne seraient ensuite admises pour énoncer leur avis et faire, si elles le jugeaient à propos, des objections qui seraient discutées avec elles. »

La France dans ce premier système n'aurait plus été appelée au congrès que pour reconnaître, recevoir et subir en quelque sorte les résolutions des autres cabinets pour le partage et l'équilibre européen. Lorsque le protocole du 22 septembre fut communiqué à la légation française, M. de Talleyrand envoya en réponse une première note, dans laquelle il disait : « Que la dénomination d'alliés était tombée par le seul fait de la paix, qu'il n'existait à ses yeux qu'un congrès général auquel toutes les puissances étaient appelées à concourir; qu'il ne s'opposait point à ce que les quatre puissances formassent un comité, mais un comité de simples propositions, lesquels seraient ensuite soumises à un comité général de toutes les puissances intéressées. »

Si M. de Talleyrand était resté seul dans cette opinion habile, peut-être eût-il succombé, mais il était parvenu à s'associer lord Castlereagh, qui avait refusé la ratification des principes posés par les trois cours de Prusse, de Russie et d'Autriche, sur leur droit exclusif de statuer. Dans une note fort curieuse, parfaitement rédigée, de concert avec le plénipotentiaire d'Espagne, le comte de Labrador, M. de Talleyrand fit observer : « que le titre de puissances alliées ne convenait plus depuis l'heureuse restauration des deux branches de la maison de Bourbon, qu'il y avait eu des ennemis et des alliés contre Napoléon, mais que le fait seul de la Restauration faisait cesser cette dénomination ; qu'il n'y avait donc plus que des puissances ayant des droits égaux, et par conséquent réunies à Vienne pour délibérer sur la circonscription générale de l'Europe, en appliquant, développant ou exécutant les stipulations particulières des traités antérieurs, y compris, celui de Paris (1). »

M. de Metternich, qui sentait lui-même le besoin de lutter contre la prépondérance russe et prussienne par la réunion de toutes les forces morales et matérielles, admit ce système de la France, de l'Espagne et de lord Castlereagh. A la suite de ces négociations, il se forma le fameux

---

(1) Voir ces notes dans mon *Histoire de la Restauration*.

comité des huit puissances appelées à délibérer en commun et sous la présidence du prince de Metternich. Ces puissances étaient : l'Autriche, l'Angleterre, la France, la Prusse, la Russie, l'Espagne, le Portugal, la Suède, ayant chacune une voix, et, afin qu'un système d'égalité fût complétement adopté, il fut résolu que désormais on ne suivrait plus dans la hiérarchie, pour la désignation des cabinets, que l'ordre alphabétique, Angleterre, Autriche, etc. Toutes ces circonstances sont à remarquer pour combattre la théorie de distinction qu'on a voulu établir entre les puissances contractantes directement intéressées et les puissances garantes des clauses arrêtées. Cette théorie avait été pleinement repoussée par le congrès (1), il n'y avait pas de distinction; les huit plénipotentiaires intervenaient au même titre, avec les mêmes pouvoirs et les mêmes droits; ce qui était décidé se trouvait ainsi l'œuvre de l'Europe entière et l'Europe entière pouvait seule le défaire.

Le congrès donc était constitué; mais à côté de la réunion générale, il s'en forma de par-

---

(1) Voir l'article de l'*Observateur autrichien*, 10 décembre 1846.

ticulières, qui toutes devaient traiter des points spéciaux, et ils étaient considérables dans le congrès. Il faut voir maintenant les débats sur chacune des questions séparées, qui sont celles-ci : la Pologne, la Saxe, le royaume Hollando-Belge, la Constitution de l'Allemagne, l'Italie et la Suisse, questions toutes décidées par le comité des huit.

§ IV.

LA POLOGNE.

On doit d'abord établir en fait qu'au mois de novembre 1814, époque de la réunion du congrès, les Russes étaient entièrement maîtres du grand duché de Varsovie, et leurs garnisons tenaient Kalisch, Cracovie et Zamosch, en y comprenant même la forteresse de Thorn.

Cet *uti possidetis* Alexandre ne voulait point l'abandonner; son idée fixe paraissait la reconstitution de l'ancienne Pologne, sous le protectorat russe. Et sur ce point, le czar s'était assuré le consentement tacite de la Prusse (je rappelle que l'indemnité du cabinet de Berlin était la Saxe).

Lord Castlereagh fut le premier à s'opposer au rétablissement d'une Pologne russe. Dans un mémoire mis sous les yeux du congrès, il disait : « qu'il s'opposait itérativement et avec force, au nom de sa cour, à l'érection d'un royaume de Pologne qui fût uni et fît partie intégrante de l'empire de Russie; le désir de sa cour étant de voir une puissance indépendante plus ou moins considérable en étendue, établie en Pologne sous une dynastie distincte, et comme un État indépendant, entre les trois grandes monarchies. »

Cette protestation n'arrêta point l'empereur Alexandre qui se montrait plus que jamais décidé dans son projet sur la réunion de la Pologne. Avant même que le congrès eût statué, le grand duc Constantin, qui avait quitté Vienne le 9 novembre, disait aux Polonais dans une proclamation du 11 décembre, ces paroles décisives :

« L'empereur, votre puissant protecteur, vous fait un appel, réunissez-vous autour de vos drapeaux; que votre bras s'arme pour la défense de votre patrie et la conservation de votre existence politique. »

Dans une note, le comte de Nesselrode déclara que huit millions de Polonais étaient résolus de défendre l'indépendance de leur pays (1).

Ainsi trois systèmes étaient engagés sur la Pologne :

1° Celui de l'empereur de Russie, qui en voulait faire un tout, une agglomération, avec des institutions nationales et le protectorat russe; système qui aurait eu pour résultat tôt ou tard, de rattacher tous les fragmens séparés de l'ancienne Pologne autour de la Russie; et ce résultat devait être repoussé par la Prusse et l'Autriche si vivement intéressées au maintien du dernier partage.

2° Le système anglais et français qui consistait à créer une nationalité polonaise, véritablement indépendante aussi bien de la Russie que de la Prusse et de l'Autriche. Ce système, il faut le dire, était trop opposé aux intérêts de la Russie, et même à ceux de la Prusse et de l'Autriche, pour qu'il pût jamais être accepté. Une Pologne indépendante! ni le XVIII° siècle, ni la république, ni Napoléon n'avaient eu la pensée, l'espoir, la possi-

(1) Je donne toutes ces pièces diplomatiques dans mon *Histoire de la Restauration*.

bilité de la faire revivre; la Pologne s'était suicidée par ses dissensions et sa gloire même; on pouvait espérer pour elle des institutions, une certaine indépendance sous un protectorat; mais la France et l'Angleterre devaient se borner à des vœux, parce que rien au-delà ne leur était permis dans le balancement actuel des forces européennes.

3° Un système mixte tendait à corriger l'influence exclusivement russe sur la Pologne, en cédant à la Prusse un nouveau fragment sur ses frontières, en restituant à l'Autriche les parties limitrophes de la Gallicie qui avaient été cédées par le traité de Vienne, en 1809; puisqu'on ne pouvait pas espérer une Pologne indépendante il fallait au moins éviter qu'elle ne devînt russe.

Ici, se rattachait la question de Cracovie.

On se rappelle que dans sa première négociation de 1814, la Russie demandait les points de Thorn, à l'extrémité du grand duché de Varsovie; Cracovie à l'autre extrémité avec la forteresse de Zamosch au centre. Cette prétention à laquelle d'abord au moment de la guerre, lorsqu'il s'agissait avant tout de combattre Napoléon, la Prusse et l'Autriche avaient tacitement consenti, devait soulever des obstacles, lorsque la question serait définitivement traitée. Si le grand duché de Varsovie avait englobé la forteresse de Thorn, c'eût été un point trop menaçant pour la Prusse, dont les frontières n'étaient plus garanties. Et si d'un autre côté, Cracovie et Zamosch se trouvaient cédés au royaume de Pologne, sous l'influence russe, l'Autriche devait voir son territoire exposé à la première invasion. Ces questions, il est vrai, furent conduites par les trois puissances dans des conférences particulières ; elles furent *préparées*, elles purent être même *résolues* par trois ; mais elles ne furent invariablement *sanctionnées* que par l'intervention du comité des huit, c'est-à-dire par l'Europe.

Alors seulement on arrêta que le grand duché de Varsovie, séparé de quelques fragmens du duché de Posen et de la Gallicie, serait uni à la Russie pour former un royaume distinct avec des institutions nationales, et cette stipulation devint la base d'un premier traité qui fut inséré dans l'acte final du congrès de Vienne et fit partie du droit général. On ajouta quelques dispositions relatives à la nationalité polonaise et aux institutions particulières que l'empereur croirait utile d'accorder.

La doctrine du partage paraissait un moyen permanent de mettre en hostilité les intérêts russes, prussiens et allemands. Dès qu'il fut constant que la nationalité et l'unité polonaises étaient une impossibilité, à moins de tout jeter aux mains de l'empereur Alexandre, la doctrine du partage entre les trois puissances fut préférée afin d'éviter l'action absorbante de la Russie (*Annexe C.*).

Ces articles n'avaient rien décidé sur le sort de Cracovie, alors occupée par les Russes et qui devait leur rester dans le premier projet. Ce fut M. de Metternich qui proposa, au nom de l'Autriche inquiète pour ses frontières, d'en faire une cité indépendante, dernier vestige de la Pologne. Cracovie ville studieuse, universitaire, savante, en dehors des agitations, possédait le tombeau des vieux rois: c'était comme la nécropole de la Pologne. Tant qu'il resterait une ombre de nationalité polonaise, on ne pouvait démembrer Cracovie de ce grand corps, et comme les habitans étaient alors paisibles, à côté de la nationalité polonaise, proclamée par la Russie, on créa la république indépendante de Cracovie, sous le protectorat des trois puissances, l'Autriche, la Prusse et la Russie comme un point neutre entre des Etats qui se touchaient et pour éviter de la donner à l'un d'eux à l'exclusion des autres.

Les traités sur la liberté et l'indépendance de Cracovie sont considérables. Le premier est conclu le 8 avril 1815, entre la Prusse, la Russie et l'Autriche; il y est formellement stipulé que Cracovie sera ville libre, indépendante (*Annexe D*). Le second est spécial entre la Prusse et la Russie (3 mai 1815), et la même stipulation y est consignée (*Annexe E.*). Enfin les ministres des trois puissances, le prince de Metternich, M. de Hardenberg et Rasumowski arrêtent la forme constitutionnelle de Cracovie, dans un traité en vingt-deux articles qui règle les fonctions du sénat, les élections, les priviléges de l'université et le gouvernement de la République (*Annexe F.*).

L'acte final du congrès de Vienne contient les principaux articles des premiers traités ainsi devenus actes du droit public général, et par conséquent inséparables: où donc se trouve cette distinction entre les puissances signataires et les puissances seulement garantes? Les actes du congrès sont un. Les traités particuliers qui les précèdent sont comme des projets proposés à l'assemblée des huit et acceptés par tous; si bien que les autres pièces ne sont que des annexes, c'est-à-dire des preuves justificatives, comme les conventions préliminaires sont habituellement ajoutées aux traités définitifs dans les contrats entre particuliers.

§ V.

LA SAXE.

La question qui se rattachait à la souveraineté de la Saxe n'était pas plus entière que celle de la Pologne, lorsque les plénipotentiaires français arrivèrent au congrès de Vienne. La Prusse faisait de la souveraineté de la Saxe une question capitale, en invoquant les traités antérieurs et les engagemens pris envers elle par la Russie, et la clause surtout qui lui assurait une augmentation de territoire. Son lot était tout trouvé dans la Saxe; la conquête était réelle et M. de Hardenberg rappelait l'*uti possidetis* accompli depuis un an et le fait de l'occupation de la Saxe par les Prussiens, ainsi que celui de l'administration même qui leur était confiée sans résistance. A ses yeux, c'était un fait qui se liait à l'occupation du grand duché de Varsovie par les Russes, et de l'Italie par l'Autriche : à chacun son indemnité; Dresde et Leipsick paraissaient au cabinet de Berlin, pour son commerce et sa frontière, des cohésions inévitables. Il se trouvait en outre que le respectable roi de Saxe était comme captif aux mains des Prussiens et dèslors tout semblait dit sur la question saxonne.

La Prusse pouvait même trouver dans l'ancien droit germanique des exemples pour appuyer ses prétentions : d'après les vieilles coutumes, le membre de la fédération ou le vassal qui manquait à ses devoirs généraux envers l'empire, était frappé dans sa personne, dans son fief, et le tribunal de la diète prononçait sa déchéance. Or, dans l'opinion de la Prusse, le vieux roi de Saxe se trouvait précisément dans cette hypothèse : l'Allemagne en effet s'était levée tout entière en 1813 contre Napoléon par un sentiment unanime et national; qu'avait fait dans cette circonstance le roi Frédéric-Auguste? il s'était donné corps et âme à l'oppresseur de la patrie; lui seul avait résisté à l'impulsion patriotique, et les Prussiens avaient été obligés d'occuper la Saxe, pour assurer le triomphe de la nationalité allemande; qu'importait l'antiquité de la race lorsque l'écu des armoiries était brisé (Ici je parle le langage du prince de Hardenberg). D'où la Prusse concluait qu'il y avait eu forfaiture de la part de la maison de Saxe et motif de confiscation de fief: on lui chercherait une indemnité en Italie (la Prusse protestante indiquait les légations pontificales); mais son royaume était acquis à la Confédération germanique, qui en disposerait en faveur de la Prusse, le plus patriotique des États, le premier en avant par les sacrifices depuis 1813.

Ce système appuyé spécialement sur la force et la conquête se liait aux idées de la Russie, et l'empereur Alexandre l'avait complétement approuvé. M. de Hardenberg en faisait une loi impérative : point de traité sans la cession de la Saxe à la Prusse en partant toujours de ces paroles : « Je possède, je tiens, je ne céderai pas. »

Dans ces circonstances impératives le roi Frédéric-Auguste venait d'envoyer au congrès de Vienne une protestation contre l'administration prussienne en Saxe; conçue en termes dignes et touchans elle reposait sur les principes qui fondaient l'alliance et la coalition de l'Europe : puisque le but annoncé était de secouer le système ardent de conquête et de possession arbitraire posé par Napoléon, pour revenir aux anciennes maximes du droit politique européen, la conséquence légitime n'était-elle pas que toutes les souverainetés devaient reprendre leur place? A plus forte raison une vieille maison européenne, comme celle de Saxe, devait retrouver ses droits, son territoire, sa souveraineté : la dépouiller, c'était agir avec la brutalité des révolutions. Le roi Frédéric-Auguste avait pour lui la majorité des publicistes allemands; la violence du système militaire exercé par les Prussiens soulevait une vive répulsion; des écrits remarquables étaient publiés pour soutenir la force et la validité des droits de la maison de Saxe.

Hélas! cette protestation n'eût été qu'un vain cri jeté au milieu du congrès, si elle n'avait été soutenue d'une façon effective : qu'allaient faire la France, l'Autriche et l'Angleterre, en présence d'un si grand intérêt!

M. de Talleyrand, en arrivant au congrès, et

pour se faire une position considérable, avait cherché tous les élémens de force, soit en se rapprochant de l'Angleterre ou de l'Autriche dans certaines questions de politique générale, soit en suscitant des intérêts particuliers et j'ai presque dit des rivalités ; la question de Saxe s'offrit à lui comme un moyen de donner tout d'un bond à la France une grande position. Pour arriver à cette fin il avait plusieurs motifs à invoquer : les liens de parenté qui unissaient Louis XVIII à la maison de Saxe, puisque la dauphine sa mère était de cette maison. Ensuite, à toutes les époques la France était intervenue dans les intérêts du corps germanique, et ici c'était une occasion nouvelle pour y prendre une large place.

En conséquence, M. de Talleyrand présenta une note très nette, ainsi résumée : « Le roi de France ne sanctionnera jamais la cession entière de la Saxe à la Prusse et la disparition de cette royale lignée, car la confiscation étant bannie du code des nations éclairées, ne peut au XIX° siècle faire partie du droit public : est-ce que deux millions de Saxons s'affectionneraient jamais pour la dynastie prussienne ; et cette injustice ne serait-elle pas l'étincelle qui allumerait un vaste incendie en Allemagne? »

C'était déjà très hardi, quand on songe que la maison de Bourbon venait à peine d'être restaurée, et qu'à deux mois de là les alliés occupaient Paris. Mais M. de Talleyrand savait bien qu'en prenant cette attitude il obtiendrait l'assentiment tacite de l'Angleterre et l'approbation formelle de l'Autriche.

C'était en effet avec un vif et grand déplaisir que M. de Metternich voyait les prétentions de la Prusse sur le territoire saxon; le chancelier d'Etat n'ignorait pas les desseins du cabinet de Berlin pour le développement progressif de son influence morale en Allemagne; et si on laissait la Prusse s'arrondir par la Saxe, le territoire autrichien se trouvait entamé, ou au moins tellement enveloppé qu'une résistance serait difficile dans une lutte d'avenir entre l'Autriche et la Prusse. Le danger pour cette puissance était celui-ci: d'une part, la Russie par le grand duché de Varsovie, la menaçait par la tête, de l'autre, la Prusse maîtresse de la Saxe la pressait par le centre, et comme il y avait intimité de famille, de pensées et d'intérêts entre les deux cabinets russe et prussien, l'indépendance de l'Autriche n'était pas le moins du monde assurée.

Aussi, M. de Metternich s'empressa-t-il de présenter une note d'une certaine fermeté :

« Les prétentions de la Prusse sur l'incorporation de la Saxe à sa monarchie sont un véritable sujet de regrets pour l'Empereur. Sa Majesté Impériale voit avec peine qu'une des plus anciennes dynasties de l'Europe puisse être menacée de perdre tout le patrimoine de ses pères dans un système réparateur ; si en dernier résultat la force des circonstances rendait la réunion de la Saxe inévitable, Sa Majesté Impériale y mettrait pour conditions l'entière conformité de vue et d'intérêt de la Prusse et de l'Autriche, leur appui réciproque dans la question de la Pologne ; enfin qu'on lierait la question de la Saxe aux arrangemens pris pour les affaires de l'Allemagne et sa division en nord et en sud. »

M. de Metternich avec sa modération habituelle n'osait pas blesser complétement la Prusse dans son idée favorite d'incorporation, car M. de Hardenberg avait déclaré : « qu'en aucune circonstance le roi son maître ne se départirait de la possession réelle et effective de la Saxe, une des conditions et des conséquences du soulèvement de l'Allemagne. »

Que ferait l'Angleterre qui déjà s'était associée à la France dans la question polonaise? la suivrait-elle avec la même ardeur dans la grande difficulté de la confiscation de la Saxe. Ici la position de lord Castlereagh était moins nette, moins sincère que celle de M. de Talleyrand. L'Angleterre s'était toujours beaucoup mêlée du corps germanique; dans toutes ses guerres sur le continent, elle y avait acheté ses hommes et remonté sa cavalerie de manière qu'aucune division ou changement territorial en Allemagne ne pouvait s'accomplir sans que l'intérêt de l'Angleterre en fût vivement excité.

Dans cette nouvelle circonstance, le cabinet britannique n'était pas dans une opinion aussi prononcée que la France, et ceci moins par les sentimens que par les intérêts. Si, par les sentimens, elle eût soutenu la Saxe; par les intérêts, elle appuyait la Prusse que le torysme voulait constituer comme une barrière formidable à la Russie. Ajoutons que l'acte de Vienne allait constituer en royaume, le Hanovre, autrefois simple électorat, création à laquelle les tories mettaient le plus grand intérêt; de là une certaine froideur dans les démarches de lord Castlereagh pour sauver la Saxe et son vieux roi.

Donc à vrai dire, M. de Talleyrand fut le seul à soutenir avec fermeté les droits du roi de Saxe, et il le fit dans un sentiment de tenue parfaite et de fermeté remarquable. Ce fut un rôle d'une certaine ampleur que celui de la légation française à Vienne; Louis XVIII mit de l'amour propre à rétablir le roi de Saxe, et cette persévérance enfin amena une transaction qui fut l'œuvre de l'Autriche et de la France. Le roi de Prusse ne garda qu'un fragment de la Saxe, une certaine somme de population pour s'arrondir; ses frontières durent s'étendre dans tout le duché, depuis Wittemberg jusqu'à Rothenbourg, Sunderhausen; mais le roi de Saxe sauva Weymar, Dresde, Leipsick. Ainsi presque immédiatement la protection de la France s'étendait même en Allemagne.

Ce fut une des belles parties de la négociation que de voir le gouvernement d'une nation naguère envahie se poser avec de fermes volontés dans une négociation purement allemande. Ce nouveau traité fut aussi ratifié par le comité des huit et fit partie de l'acte final.

Or je demande si le roi de Saxe, depuis l'acte récent des trois puissances, a plus de garanties que la république de Cracovie? Qui le protége et qui peut le sauver d'une fantaisie conquérante consentie en faveur de la Prusse moyennant indemnité par la Russie et l'Autriche? Voilà comment un acte injuste, usurpateur et par conséquent révolutionnaire, rend toutes les situations incertaines; voilà comment le droit public de l'Europe se trouve compromis et les garanties perdues à l'occasion d'un acte arbitraire consommé par la force! (*Annexe G.*).

§ VI.

LE ROYAUME HOLLANDO-BELGE.

On ne peut plus parler aujourd'hui de la configuration du royaume hollando-belge ou des Pays-Bas, tel qu'il fut organisé par le congrès de Vienne, que comme d'une chose morte, par suite des nouvelles combinaisons arrivées en 1833. Toutefois, au point de vue commercial et militaire, ce n'était pas une conception sans portée et sans résultat que la création d'un royaume des Pays-Bas formé des deux nationalités belge et hollandaise.

Lorsqu'en 1814 la population se fut prononcée, en Hollande, en faveur de la maison d'Orange avec une grande énergie, il avait été promis à cette maison, spécialement protégée par les tories, une grande extension de territoire. On retrouve ces promesses dans l'article final du traité de Paris du 30 mai 1814; et la France y avait consenti d'une manière si formelle, qu'il n'était plus possible de revenir sur ces conditions. La question fut donc soumise au comité des huit à Vienne.

Au point de vue commercial tout était à merveille. La Hollande exportait ce que la Belgique produisait; l'une était puissance maritime, l'autre nation manufacturière; c'était donc accomplir la fortune de l'un et de l'autre de ces pays que de les réunir sous un même sceptre.

Au point de vue militaire, le royaume des Pays-Bas, dans l'équilibre général de l'Europe, avait deux missions : ou de servir d'arrière-garde à la

Prusse, constituée comme barrière à la Russie, ou bien de servir d'avant-garde à l'Europe au cas d'invasion du territoire français.

Dans les délibérations du congrès de Vienne, il n'y eut pas de difficulté sur ce point; comme le congrès était peu frappé des incompatibilités morales et religieuses, il ne vit ni la répugnance que créait la diversité des croyances, ni le puissant attrait d'une nationalité séparée, instinct irrésistible qui domine tous les autres. J'ai relu les notes de l'Angleterre pour me pénétrer de l'esprit qui présida à la réunion des Belges et des Hollandais: le duc de Wellington et lord Castlereagh exposent la nécessité de créer et de grouper une masse d'États comme en échelons, de manière à ce que le choc des grandes puissances ne pût amener de nouveaux bouleversemens : sur un point la Suisse, la Confédération germanique et comme couronnement de ce système précautionneux, le royaume des Pays-Bas s'appuyant sur la Prusse, et qui devait servir de barrière à la Russie et à son débordement possible sur le midi de l'Europe.

Dans une suite de notes lord Castlereagh réfuta les difficultés que semblait opposer la différence de religions et la nature diverse des croyances : « La Saxe protestante, dit lord Castlereagh, n'était-elle pas gouvernée par une race de rois catholiques? le roi de Prusse protestant, avait plus de cinq millions de sujets catholiques; dans les temps modernes, ces nuances religieuses n'étaient pas la cause d'une division irritante. L'Angleterre elle-même n'était-elle pas une nation composée mi-partie de catholiques et de protestans? »

La démarcation du royaume des Pays-Bas presqu'arrêtée d'avance ne fut pas une des grandes difficultés du congrès; il ne s'agit plus que de régler les rapports politiques et commerciaux du nouvel État avec la France, l'Allemagne et l'Angleterre.

Le comité des huit apporta une grande sollicitude à cette création du royaume hollando-belge, qu'il croyait définitive; l'Autriche depuis 1794 avait renoncé totalement à la Belgique, qui exigeait une administration éloignée et bien coûteuse; la France ne pouvait la réunir que par une guerre victorieuse; il fallait donc lier les deux États par le commerce, les relations politiques. Les Belges ne voulaient pas être Allemands, ils ne pouvaient pas être Français. Autrefois, ils formaient un groupe de cités libres, marchandes, toujours hostiles, villes de tisserands et de métiers en révolte : pouvait-on réveiller les morts? comment leur donner une nouvelle vie si ce n'est par une fusion avec la Hollande? En dehors nulle possibilité d'exister, car les douanes allaient enlacer la Belgique que les prohibitions tueraient infailliblement. Ces considérations décidèrent le congrès à sanctionner la fusion des deux peuples dans un même royaume; conception réalisée par une série d'articles sur la forme de gouvernement, la dette, le système politique et commercial des deux nations qui désormais n'en formaient plus qu'une sous le sceptre de la maison d'Orange.

Les points réglés dans le comité des huit furent ceux-ci : 1° souveraineté de la maison d'Orange sur la Hollande et la Belgique reconnue par tous; 2° association (pour la souveraineté du grand duché de Luxembourg) à la Confédération allemande; 3° annexe de la principauté de Bouillon au Luxembourg et la ville de Luxembourg reconnue forteresse de la Confédération. Tout cela était formulé expressément dans l'acte final du congrès de Vienne (*Annexe H.*). Nous verrons plus tard comment cet ordre de choses fut détruit par une première violence révolutionnaire. Celle-ci vint de la propagande; fatal précédent pour les questions d'avenir.

§ VII.

LA CONSTITUTION DE L'ALLEMAGNE.

C'était déjà un point important et résolu par le congrès en ce qui touche l'Allemagne, que la conservation du roi de Saxe dans la souveraineté d'une partie de ses États. Désormais on pouvait dire que l'Europe avait admis elle-même ce principe : « que le cabinet de Paris pouvait se mêler de l'organisation intérieure de l'Allemagne, » car enfin la France avait soutenu jusqu'au bout le vieux roi de Saxe, et en vertu de quel titre l'aurait-elle fait, si le droit d'intervention lui avait été refusé d'une façon absolue sur les affaires de la Confédération germanique?

De ce précédent, la légation française concluait justement: « qu'elle avait droit de s'immiscer dans le réglement définitif de l'Allemagne. »

Ce droit, elle le fondait sur le passé historique : à toutes les époques, sa vieille monarchie s'était alliée aux électorats d'Allemagne, spécialement contre la politique de l'Autriche. Cette union avec les petits princes de l'Allemagne avait fait la force de nos guerres depuis le xvi⁰ siècle; et jusqu'en 1789, les alliances même de famille avaient créé des appuis au système français dans le sein du corps germanique (1).

Napoléon avait exagéré cette idée : partant du point politique de Richelieu et en secouant ses limites, il avait donné une force, une extension immense au système fédératif de l'Allemagne par la Confédération du Rhin. On devait à l'empereur des Français la création de la Bavière, du Wurtemberg, de la Saxe, constitués en royaumes; il avait posé la couronne de Westphalie au front de son frère Jérôme; il avait augmenté l'État de Bade, ajouté à la Saxe le grand duché de Varsovie, et cette force centrale de l'Allemagne devait dans son système maintenir, étouffer les deux puissans États, l'Autriche et la Prusse.

Au congrès de Vienne il s'opéra nécessaire-

---

(1) Voyez mon travail sur *Louis XV* et *Louis XVI*.

ment une réaction visible contre l'extension démesurée des États du centre de l'Allemagne, telle que Napoléon l'avait conçue; si l'Autriche et la Prusse n'osèrent développer en plein, ni avouer hautement leur système, dans la crainte de soulever des méfiances, leur pensée fut au moins d'atténuer autant que possible l'influence des États de second ordre, pour grandir leur propre domination à la diète. On dut empêcher dans l'avenir l'action trop absorbante de la France sur ces mêmes États de second ordre; on voulut éteindre ou amortir non-seulement les effets de l'ambition napoléonienne, mais encore la politique nationale de Richelieu, dans son action militaire et diplomatique, parce qu'il était dangereux, disait-on, pour l'Autriche et la Prusse, de voir marcher simultanément les Français, les Bavarois, les Wurtembergeois, les Badois, dans une guerre commune, et qu'il y avait également danger de laisser la France (dépositaire des idées libérales) semer les velléités du gouvernement représentatif, trop haut et trop loin en Allemagne.

De là, résulta donc à Vienne, un plan concerté, à savoir :

1° Que les puissances allemandes régleraient seules l'organisation de la Confédération germanique ;

2° Que cette Confédération serait établie de manière qu'en aucune circonstance la France ne pût exercer l'action diplomatique ou militaire de l'ancienne monarchie ou de Napoléon qui avait dominé et brisé le corps germanique.

En face de ce cercle impérieux, tracé par la Prusse et l'Autriche, quelle attitude allaient prendre l'Angleterre, la France et la Russie, intéressées à intervenir dans tout ce qui touchait les affaires d'Allemagne ? L'Angleterre y pénétrait tout naturellement par la création du royaume de Hanovre, par le grand duché de Luxembourg, laissé à un prince d'Orange; elle était liée à la Confédération par ses vieux rapports avec le Mecklembourg et par son alliance avec la Prusse. La Russie cherchait à vaincre les répugnances de l'Allemagne pour la nationalité slave au moyen des alliances de famille; elle se plaçait au centre de la Confédération, dirigeant, protégeant les petits princes, les petits intérêts de manière à ce que son action fût reconnue et pleinement satisfaite.

Quant à la France, son influence en Allemagne devait résulter des services rendus aux princes de second ordre avec loyauté et désintéressement ; sa conduite avec le roi de Saxe lui avait fait un bien infini ; elle avait été généreuse et persévérante ; cette protection accordée aux petits contre les grands, aux faibles contre les forts, était un beau titre pour renouer les liens d'antiques amitiés. On ne sait pas tout ce qu'il y a de force dans la justice. Mais en dehors de cette influence simple, naturelle, la France fut très peu écoutée dans ce qui tenait à la constitution générale de l'Allemagne; selon le prince de Metternich, c'était une affaire de famille qui devait se régler par l'action intérieure de chaque gouvernement.

Il en résulta l'insertion dans l'acte final du congrès de Vienne d'une série d'articles tous relatifs à la Confédération germanique. On y proclamait d'abord l'indépendance de Francfort, cité libre, impériale (l'article est conçu à-peu-près dans les mêmes termes que l'article relatif à la liberté de Cracovie, et Francfort, ville libre, tient désormais à un caprice (*Ann. I.*). Vient ensuite la nomenclature des membres de la Confédération, les diverses voix de la diète réparties entre l'empereur d'Autriche, les rois de Prusse, de Danemark pour le Holstein, et le roi des Pays-Bas pour le Luxembourg, etc. Toutes les éventualités sont réglées dans un mode invariable soit pour la guerre à l'extérieur, soit pour l'administration et la police.

Ces articles du congrès relatifs à l'Allemagne se ressentent de la réaction dont j'ai déjà parlé : Bonaparte a marché depuis 1805 à la tête d'une grande fraction de l'Allemagne contre la Prusse et l'Autriche; on veut éviter que dans l'avenir une telle situation se reproduise; on veut reformer politiquement une nationalité germanique. Ces articles constituent une des bases du congrès de Vienne, et comme la France en a signé les actes comme le système a eu l'assentiment du comité des huit, rien ne peut et ne doit être changé dans sa base, sans le concours des puissances signataires.

Je crois donc qu'une conférence européenne devrait se réunir et délibérer s'il s'agissait jamais d'une modification dans les points suivans de la constitution germanique : 1° la liberté des membres de la Confédération, 2° les votes à la diète, 3° le nombre de voix, 4° l'ordre de délibération dans les changemens fondamentaux, 5° la défense mutuelle de l'Allemagne, 6° la liberté des alliances d'État. Si l'Autriche et la Prusse délibéraient seules pour modifier les points essentiels dans l'existence de la Confédération, ce serait encore violence et jamais elle n'a créé un droit (*Annexe J.*).

§ VIII.

L'ITALIE.

Le congrès de Vienne trouva également l'Italie dans la situation d'un territoire conquis et occupé; les Autrichiens étaient maîtres de Venise, des marches d'Ancône, du Milanais, de l'Istrie, de la Dalmatie, du Frioul, de tout le Piémont, de la Savoie; leurs corps d'armée s'étaient avancés même jusqu'à Grenoble.

Au centre de l'Italie, le pape Pie VII était revenu dans ses États après un long exil : quelle portion de territoire lui serait allouée dans le partage, et les faibles seraient-ils sacrifiés? Enfin, à l'extrémité, à Naples, était Murat, mais non encore le proscrit au ban des royautés européennes; mais Murat, à la tête d'une armée, ayant trahi Napoléon et muni de deux traités, l'un conclu avec l'Angleterre, l'autre avec l'Autriche, qui lui assuraient la plénitude de la souveraineté (1) sur Naples, sur le duché de Bénévent et de Ponte-Corvo; je crois même qu'on lui avait fait espérer une fraction des Légations romaines.

Tel était donc l'état de l'Italie lorsque le congrès dut s'en occuper à Vienne; quelques points étaient résolus d'avance, quelques autres restaient dans le doute le plus absolu.

L'Autriche prétendait à un très large lot de frontières dans le Milanais, et on les étendait sans difficulté dans tout le Frioul, les États de Venise, jusque dans la Dalmatie. L'Autriche ne voulait pas céder un pouce de terrain; l'*uti possidetis* était sa loi, et un traité particulier le lui assurait.

A ses côtés, elle admettait la restauration de la maison de Savoie dans l'ancienne royauté de Piémont; et comme les possessions héréditaires de la maison de Savoie étaient rognées du côté de Chambéry au profit de la France, et du côté du Milanais en faveur de l'Autriche, on cherchait une indemnité. Indépendamment de l'île de Sardai-

(1) Voyez mon travail sur les *Cent-Jours*.

gne, soumise depuis long-temps à cette maison, on lui donnait tout l'État de Gênes; concession encore contraire à bien des engagemens pris par l'Angleterre en 1814.

Les Génois et les Piémontais avaient peu de sympathie; c'étaient deux natures entièrement opposées. Lorsque lord Bentinck parut devant Gênes pour soulever la vieille cité contre les Français, il avait promis qu'on rendrait aux Génois leur ancienne indépendance, leur nationalité commerciale, et comment concilier ses promesses, avec l'engagement qu'allait prendre le congrès, d'unir Gênes et le Piémont sous une commune souveraineté?

Même difficulté pour Rome et le gouvernement pontifical; les États du Saint-Père se composaient de deux natures territoriales bien distinctes : 1° Ce qu'on appelait l'antique patrimoine de saint Pierre; 2° les Légations qui étaient comme une attenance, un appendice que l'Autriche désirait dominer au moins moralement, et que Murat voulait occuper pour sa sûreté personnelle. Le cardinal Conzalvi, envoyé par le Saint-Père à Vienne, faisait valoir les plus hautes considérations pour le rétablissement plein et entier de la souveraineté pontificale : « Déjà le Saint-Siége, dans le désir de ne pas compromettre la paix, sacrifiait à la France Avignon, le Comtat, sa vieille propriété, était-il juste de l'amoindrir encore ? il était dans la nature de la constitution apostolique que le Pape possédât tout en viager ; ce qu'il recevait, il devait le transmettre ; de sorte que le Saint-Père ne pouvait prendre aucun engagement, donner aucune parole, sanctionner aucun traité de cession d'une manière permanente et définitive. » Ces motifs triomphèrent à Vienne ; le lot de l'Autriche était assez considérable en Italie, pour ne point désirer actuellement des possessions plus étendues ; il fallait d'abord assouplir, calmer, gouverner les terres et les populations que lui assignait le congrès de Vienne, et cette tâche devenait difficile.

Quant à Murat, quel intérêt pouvait-il inspirer dans ses projets de lutte, en dehors de sa souveraineté, lorsque le principe de cette souveraineté était lui-même en question ?

Ceci m'amène à rappeler la position que M. de Talleyrand avait prise à Vienne, relativement à Murat et au royaume de Naples.

Je crois que dans plusieurs circonstances l'habileté de M. de Talleyrand fut d'établir un principe général, plus ou moins exact dans sa vérité absolue, et dont il tirait les conséquences les plus favorables à sa cause. Ainsi M. de Talleyrand avait dit en 1814 : La restauration partout, dans les idées comme dans les dynasties, tout le reste est une intrigue ou un trouble. De là, il concluait tout naturellement qu'au lieu de Murat, il fallait restaurer l'ancienne famille des Bourbons à Naples, comme elle était rétablie en France et en Espagne.

A l'aide de ce principe, M. de Talleyrand déclara qu'il n'aurait à Vienne aucun rapport avec la légation de Murat, usurpateur et intrus aux yeux de la maison de Bourbon. Ce système ne fut point adopté par l'Angleterre et l'Autriche, qui ayant des engagemens positifs devaient au moins trouver un prétexte convenable pour se dégager. A mesure que le congrès s'avançait vers ses résolutions définitives, la cause de Murat perdait du terrain; à l'aide d'un principe, M. de Talleyrand voulait reconstituer l'ancienne politique de la maison de Bourbon, et renouer le pacte de famille avec l'Espagne et Naples.

Ce fut la connaissance de cette attitude de M. de Talleyrand à Vienne, qui porta Murat à la folle entreprise d'envahir les Marches pontificales. Il s'élança des Apennins à travers la campagne, avec le dessein insensé de faire la guerre à la France. Un mois après, les Cent-Jours éclatèrent.

Ceci simplifia singulièrement toutes les positions.

L'Angleterre et l'Autriche en prirent prétexte pour briser leurs engagemens envers Murat : lord Castlereagh publia l'étrange correspondance du lazzaroni couronné. Le congrès désormais passa outre à l'organisation de l'Italie en dehors de la dynastie de Murat. Les articles posèrent les bases suivantes :

Le Piémont avec la Sardaigne et l'État de Gênes à la maison de Savoie.

L'Autriche avec cette large et belle possession du Milanais, des États Vénitiens, du Frioul et de la Dalmatie.

Le pape avec les Légations.

Naples avec la maison de Bourbon et la Sicile.

Et au milieu de cela des petits princes, qui tenaient les uns à la maison de Bourbon, les autres à la maison impériale, avec les fiefs de Toscane, de Modène, de Parme, de Plaisance.

La pensée de M. de Metternich fut alors de lier tout cela par un pacte fédératif comme le type en existait en Allemagne. Mais tout changement conçu dans l'organisation de l'Italie ne pouvait et ne devait se faire qu'avec l'assentiment des puissances signataires au congrès. Il est impossible de concevoir une modification dans la forme générale de l'Europe sans le concours de tous. L'œuvre d'un congrès est une constitution, un pacte synallagmatique qui crée des droits, des devoirs, des obligations réciproques. On ne pourrait pas toucher à l'indépendance d'un petit prince d'Italie sans l'intervention du comité des huit formé à Vienne comme l'expression de l'Europe. Le Piémont, Naples, Etats du Saint-Siège, duché de Modène, Massa-Carrara, Parme, Plaisance et Guastalla, Lucques, Toscane ne peuvent être altérés dans leur territoire, dans leur dynastie, sans l'assentiment de tous. C'est en ce sens que la main mise sur Cracovie ébranle toutes les souverainetés de second ordre; et quelle garantie ont-elles désormais? (*Annexe K.*)

§ IX.

LA SUISSE.

La neutralité de la Suisse est un vieux principe reconnu et pourtant violé par tout le monde. Les généraux du Directoire, Napoléon, et après eux les armées coalisées avaient traversé la république helvétique dans un ou plusieurs cantons, sans se faire le moindre scrupule.

La Suisse avait envoyé à Vienne une légation solennelle pour solliciter une réorganisation permanente et reconnue par tous. Telle était la mission du colonel Laharpe, ancien précepteur d'Alexandre, et qui exerçait sur lui un influent prestige; aidé en cela de son compatriote le général Jomini, très actif à Vienne.

La Suisse avait subi l'empire de deux actions diverses et hostiles depuis les événemens de 1789 : un parti voulait l'unité, c'était le plus violent, le plus démocratique; secondé par la France sous le

Directoire et le Consulat, il avait abouti à la médiation de l'empereur Napoléon. Le second parti voulait au contraire, une grande variété dans les divers élémens qui composaient la Confédération helvétique; il désirait une pondération, un balancement dans toutes ses parties : catholiques, protestantes, noblesse, bourgeoisie, paysans; diversité de religion, d'intérêts, de commerce, de langage et contrepoids si parfaitement réglé que l'unité pût triompher dans la diète générale.

Plusieurs puissances avaient intérêt à la constitution de la Suisse. La France ne pouvait pas laisser accomplir un travail aussi capital sur ses frontières, sans y prendre part; Genève et le canton de Vaud étaient presque la France. De toute antiquité, la maison de Bourbon s'était déclarée la protectrice des Suisses, ses bons amis et confédérés. Ces sortes de liens ne s'effacent pas.

L'Autriche de son côté, par les frontières des Grisons et la Valteline avait le plus grand intérêt à toute l'organisation de la Suisse, qui du haut de ses montagnes démocratiques menaçait l'Allemagne et l'Italie. L'Angleterre elle-même mettait du prix à ses liens commerciaux avec la Suisse;

le Piémont gardait des méfiances ; et enfin l'empereur Alexandre qui essayait de se mêler à tout s'intéressait vivement à leur constitution ; il leur parlait tantôt un langage bienveillant, tantôt il leur jetait des paroles de colère afin de les contenir dans le système que lui-même avait tracé, mélange d'idées religieuses et politiques.

Dès l'ouverture du congrès, le 2 novembre, le comité des grandes puissances avait créé un comité spécial sur les affaires de la Suisse « pour garantir, conformément au traité de Paris l'organisation politique que la Suisse se donnerait sous les auspices desdites puissances ; » ce comité fut composé du baron de Wessenberg pour l'Autriche, M. de Humboldt pour la Prusse, lord Stewart et M. Strafford Canning pour l'Angleterre, du comte Capo-d'Istrias pour la Russie. La France en fut d'abord exclue, et pourtant il s'agissait de ses frontières, d'une neutralité violée contre elle ! Hélas ! il existait alors une méfiance très grande, même en Suisse, contre l'influence française, et le congrès tendait moins à établir un juste équilibre de forces que des barrières contre les projets ultérieurs de la France. Les instructions des plénipotentiaires demandaient l'intervention des puissances pour que la Suisse fût reconnue dans son indépendance et sa liberté actuelle, dans sa neutralité, enfin qu'elle fût réintégrée dans les anciennes frontières avec les adjonctions convenables à sa ligne militaire du côté de la France.

Indépendamment de la députation générale de la diète, quelques cantons tels que Berne, Saint-Gall, Argovie avaient envoyé des députés spéciaux. Une circonstance marqua l'influence que la Russie tendait à s'assurer désormais sur le midi de l'Europe. Dans la réception que fit Alexandre aux députés suisses, il leur adressa une fort vive réprimande, et déclara que si la Confédération voulait son indépendance, elle devait commencer par s'en rendre digne.

Une première question se présentait et devait précéder toutes les autres : comment les puissances allaient-elles intervenir dans les affaires de la Suisse? Était-ce une intervention d'autorité, ou bien de pure bienveillance? Les puissances devaient-elles imposer ou conseiller seulement? M. Strafford Canning soutint au nom de l'Angleterre, l'intervention par autorité; les puissances devaient intervenir *necessitate rei*. Le plénipotentiaire russe répondit : « qu'on ne pouvait rien se promettre d'avantageux de l'arbitrage forcé, simple ou limité, attendu l'irritation où se trouvaient les parties intéressées; qu'il fallait se borner à déclarer que les puissances énonceraient leur volonté sur les contestations entre les cantons, et attacheraient à l'assentiment de ceux-ci, la reconnaissance de leur indépendance et de leur neutralité perpétuelle. »

La contestation prenant un caractère général et passionné, la légation française obtint de se faire représenter dans le comité pour la Suisse, et M. de Dalberg fut admis dans la séance du 30 novembre. La plus grande contestation portait sur le point de savoir si le pays de Vaud resterait détaché de Berne, conformément à l'acte de médiation, ou bien s'il y serait réuni; on opposait à Berne son attachement pour la France; le pays de Vaud, à son tour, déclara qu'il ne se soumettrait que par la force. Quelques autres cantons réclamaient des bailliages qui en avaient été détachés; Genève demandait un agrandissement de territoire du côté de la France et du côté de la Savoie; on sollicitait l'érection en cantons nouveaux du Valais et du pays de Neufchâtel, récemment fief militaire de Napoléon concédé au maréchal Berthier; la Valteline et les comtés de Chiavenna et de Bormio, si importans comme positions militaires, étaient également réclamés par l'Autriche. On peut voir que la tendance du congrès de Vienne était de tout régler d'une manière fixe et permanente; en un mot de réorganiser l'Europe après le grand bouleversement qu'elle avait subi (1).

Au reste ces négociations sur la Suisse tenaient à l'existence de divers partis qui tous visaient à la domination. J'ai déjà parlé de la lutte entre l'opinion unitaire demandant un gouvernement central et fort, une république sous un seul président; et le parti fédératif qui voulait maintenir le vieux groupe d'État, si respectables depuis Guillaume Tell. Ce n'était pas toutes les divisions politiques : dans les cantons eux-même, on pouvait distinguer la force de l'aristocratie suisse, c'est-à-dire le gouvernement des familles bourgeoises ou nobles, dont l'origine se mêlait à l'indépendance primitive, et le parti des démocrates né avec la révolution française, parti qui appelait quelque chose de semblable à la constitution que l'abbé Soulavie avait donnée à la Suisse sous le Directoire.

Dans cette lutte, la combinaison européenne que

(1) Voir mon travail sur *la Restauration*.

le congrès s'efforça de faire triompher, se résumait en quelque forme de conservation historique : prépondérance des grandes familles nobles ou bourgeoises, qui depuis des siècles avaient fait le bonheur et la prospérité de la Suisse; balancement des États et des cantons de telle sorte que le gouvernement conservateur de Berne eût toujours une action prépondérante, fixation des voix, établie de manière à ce que les petits cantons conservateurs pussent dominer les cantons révolutionnaires tels que Vaud et Genève. Enfin, il fut laissé à chacun de ces cantons une force assez indépendante pour n'être pas opprimés les uns par les autres. Telle dut être la constitution helvétique, et à cette époque, aucune des puissances n'avait de fâcheuses intentions à l'égard de la Suisse; loin de là, elles voulaient la conserver dans sa neutralité et son indépendance, moyennant qu'elle s'engageait de son côté à ne point troubler la sécurité et l'ordre dans les États voisins. On ne craignait pas encore que la Suisse, terre d'asile pour les proscrits, pût un jour devenir le point central de tous les complots contre les souverainetés légitimes!

Avec un peu d'habitude des affaires et une certaine notion d'histoire, on devait comprendre que si la Suisse sortait des conditions naturelles et simples que l'Europe lui imposait, elle serait exposée à mille dangers; placée comme elle l'était en présence de trois États rivaux ou au moins méfians, l'Allemagne, l'Autriche, le Piémont; soutenue sur une longue lisière de ses frontières par la France, qui pouvait l'appuyer ou la délaisser selon l'occurrence, la Suisse devait garder d'habiles ménagemens; elle n'avait ni unité pour sa langue, ni conformité dans ses mœurs, ses habitudes, sa religion; la Suisse se trouvait placée entre plusieurs États comme la Pologne; seulement elle avait de plus qu'elle ses montagnes impénétrables. En cas de dissolution du pacte par la violence, chaque puissance avait son lot fait d'avance. Si par sa folle conduite elle devenait jamais un sujet de crainte ou de tourmente pour l'Europe; la dissolution de la fédération pouvait parfaitement arriver, et les cabinets étaient prêts à recueillir la succession d'une folle démocratie ivre du vin de Léman.

L'œuvre du congrès relativement à la Suissé tait prévoyante, conservatrice; désormais vingt-deux cantons formaient la Confédération helvétique, neuf catholiques, huit protestans et cinq mixtes, et les voix étaient mesurées de manière à ce que la prépondérance demeurât au parti véritablement traditionnel ; car en sortant de cette idée on était menacé du chaos. Mais pour la Suisse, aussi bien que pour l'Italie et l'Allemagne, rien ne pouvait se décider sans l'assentiment commun ; ce que le congrès avait arrêté, un autre congrès pouvait seul le détruire ; l'œuvre ne pouvait dépendre ni de la volonté d'un cabinet seul, ni d'un caprice de peuple, à la suite d'une émeute.

Neutralité suisse, indépendance des villes libres d'Allemagne, république de Cracovie, tout cela partait de la même pensée et se plaçait sous la même garantie (*Annexe L.*).

§ X.

LA TRIPLE ALLIANCE DE LA FRANCE, DE L'ANGLETERRE ET DE L'AUTRICHE.

J'ai déjà remarqué la position entièrement isolée qu'avait d'abord subie la France après le traité de Paris du 30 mai 1814, et à l'origine du congrès de Vienne ; je répète qu'un moment il avait été question de l'exclure même des transactions capitales du congrès, sous prétexte que tout pour elle avait été réglé par le traité de Paris.

L'habileté de M. de Talleyrand fut donc, en s'adressant aux intérêts particuliers, de se faire une bonne position à Vienne; et il aperçut bientôt que les prétentions de la Russie sur le grand duché de Varsovie, de la Prusse sur la Saxe et l'alliance intime des deux cabinets de Berlin et de Pétersbourg, créaient des rivalités, des méfiances, dans les cours de Londres et de Vienne, et la France devait en profiter.

Sur les questions de la Pologne et du grand duché de Varsovie, l'Autriche et l'Angleterre étaient d'accord : « que cette prépondérance exorbitante à laquelle la Russie semblait tendre pour elle-même, était de nature à briser l'équilibre européen, et dèslors ce n'était pas trop que de s'unir intimement pour arrêter les projets de cet immense colosse qui menaçait de s'étendre sur le midi de l'Europe. »

En effet, l'attitude de l'empereur Alexandre à l'égard de la Pologne semblait un système tellement arrêté, qu'il n'y avait plus moyen de le surveiller et de l'empêcher que par la menace d'une guerre. L'armée russe était restée sur un pied formidable; le grand duc Constantin réunissait les débris de l'armée polonaise. Qu'allaient donc faire toutes ces forces, et à quel dessein les avait-on groupées? Ce nouveau royaume de Pologne constitué par l'empereur Alexandre, avec des institutions et une armée nationales, n'était-il pas un piége tendu, afin que toutes les portions de l'ancienne Pologne, détachées par les partages successifs, en y comprenant même la Gallicie et le grand duché de Posen, vinssent se grouper et se réunir sous la protection russe?

Les trois représentans des cours de France, d'Angleterre et d'Autriche, M. de Talleyrand, lord Castlereagh et M. de Metternich, avaient étudié traditionnellement la politique russe en ce qui concerne la Pologne. Au XVIII° siècle même y avait-il eu encore une Pologne indépendante? L'expédition aventureuse de Charles XII, comme la campagne de Napoléon en 1812 avait bien plus avancé la dernière heure de la Pologne que les traités de partage. Depuis Pierre Ier, qu'étaient ces rois polonais, si ce n'est les lieutenans des czars, et la noblesse ne s'était-elle pas soumise au glaive, et, ce qui tue mieux que le glaive, à la corruption du cabinet de Pétersbourg, et les rois de Pologne s'étaient faits les favoris efféminés des impératrices de Russie! A bien considérer le partage même, il n'était qu'une garantie européenne; car il avait intéressé la Prusse et l'Autriche à contenir la Russie dans ses desseins sur l'Allemagne et le midi de l'Europe.

En partant de cette donnée et pour arrêter les projets ultérieurs de la Russie, lord Castlereagh, M. de Talleyrand et le prince de Metternich, décidèrent qu'il fallait signer un traité d'alliance éventuelle, avec stipulation de subsides et de contingens militaires qui pourraient être appelés sous les armes, au cas où la Russie ne resterait pas dans des conditions raisonnables.

Ce traité secret du mois de mars 1815 est un des actes les plus curieux, parce qu'il constate au moyen de quels efforts ingénieux M. de Talleyrand avait dissous la coalition et trouvé des alliés, pour la France le lendemain même du jour où elle avait subi l'invasion. De puissance passive, elle devenait donc puissance active; l'Angleterre gardait ses flottes sur le pied de guerre, l'Autriche ne désarmait pas, et la France échelonnait ses troupes sur les frontières. On ne s'expliquait pas en France un mouvement de troupes qui s'opéra un peu avant les Cent-Jours sur les frontières du Nord et des Alpes. Ces mouvemens étaient la suite de ce traité signé à Vienne, et une dépêche de M. de Talleyrand indique même des chances de guerre à cette époque (*Annexe M.*).

§ XI.

QUESTIONS MORALES DU CONGRÈS. LA TRAITE DES NOIRS. LA PIRATERIE. LES COLONIES.

Dans ce grand partage de territoires et d'âmes pour me servir de l'expression diplomatique, le congrès avait vu s'agiter quelques-unes de ces questions qu'on est habitué à appeler morales dans le langage de notes, parce qu'elles se lient moins que d'autres à des intérêts positifs. L'esprit mystique et rêveur de l'empereur Alexandre se prêtait admirablement à l'examen et à la solution de ces grands points de la liberté humaine, et déjà il ne parlait que des rapports de l'âme à Dieu, de la fraternité générale des nations, idées vagues qui remplirent la fin de sa vie.

Dans tous les actes, dans tous les manifestes, l'Angleterre avait demandé l'abolition de la traite des noirs. Je crois qu'elle avait un grand intérêt colonial à l'obtenir; mais ce qui était plus fort encore que cet intérêt, c'est qu'il existait en Angleterre une école fort considérable d'hommes politiques ou de philosophes spéculatifs qui appelaient l'affranchissement des noirs comme le couronnement nécessaire à l'édifice chrétien. Cette école, dont Wilberforce avait été long-temps le chef, embrassait le parti des *saints* et des méthodistes qui domine la haute société en Angleterre.

Lord Castlereagh insista donc pour que le congrès prononçât l'abolition du commerce des esclaves, et un comité se forma à ce sujet. L'idée d'une grande émancipation chrétienne ne pouvait déplaire à l'empereur Alexandre qui d'ailleurs n'avait aucun intérêt immédiat à maintenir le commerce des noirs. Ce sentiment était également commun à la Prusse et à l'Autriche.

M. de Talleyrand, esprit trop positif pour ne pas comprendre le dessein secret de l'Angleterre dans cette simple manifestation de doctrines, demanda d'abord que l'abolition de la traite fût progressive, afin de ne pas heurter les intérêts coloniaux menacés par le principe d'émancipation subite; mais comme il avait absolument à se ménager l'Angleterre, à l'attirer à son alliance, il accepta le principe de l'abolition de la traite des noirs, en demandant un délai pour l'entière exécution.

C'était en effet une question si complexe, que ni l'Espagne, ni le Portugal, ne voulurent y accéder, parce que le principe de l'émancipation des noirs jetait les colonies d'Amérique dans un inévitable bouleversement (*Annexe N.*).

Cette question des colonies n'était résolue pour personne; lord Castlereagh soutenait d'une manière absolue qu'il y avait désormais impossibilité pour l'Espagne de recouvrer ses colonies, et dès-lors le meilleur intérêt était une transaction, un arrangement. Le commerce des deux mondes y gagnerait en activité, en richesse.

L'Angleterre s'était acquis les plus belles colonies dans les deux Indes, le cap de Bonne-Espérance, l'Ile-de-France, une portion de Ceylan; partout elle avait des stations maritimes et commerciales; par l'indépendance des Amériques espagnoles, elle trouvait un moyen de les inonder de ses marchandises.

Sur ce point de l'indépendance américaine, l'Angleterre trouvait les répugnances de la Russie qui dénonçait le mauvais exemple donné au monde par la sanction d'une révolte heureuse. L'Autriche et la Prusse restaient neutres et silencieuses sur cette question, tandis que la France se montrait alors opposée au système d'émancipation des colonies espagnoles, et voici dans quel but. D'abord alliée à l'Espagne, appartenant à la même famille, la branche aînée des Bourbons ne voulait pas se séparer d'une façon absolue des idées et du système espagnol sur les colonies; c'eût été manquer de bonne foi et de loyauté. Ensuite elle-même était loin d'avoir renoncé à recouvrer Saint-Domingue, que la révolte des noirs avait bouleversé. On préparait même en 1814, et presque ouvertement, une expédition pour le Cap, afin d'obtenir la soumission de la république d'Haïti.

Un premier pas fait vers ce système de reconnaissance, et la France ne pouvait plus s'appuyer sur son droit absolu à l'égard des colonies séparées par la révolte. Rien donc ne fut décidé; si M. de Talleyrand s'associa, pour complaire à l'Angleterre, aux notes de lord Castlereagh sur l'abolition de la traite des noirs, il dut faire toute réserve pour son système colonial. La question fut ainsi suspendue; chaque cabinet se réserva son propre droit pour des temps mieux préparés.

Il n'en fut pas ainsi pour la piraterie qui était un intérêt de droit général. Depuis quelques années, les petites puissances assises sur le littoral de la Méditerranée avaient à se plaindre de la violence des États barbaresques; la piraterie était un fait ancien pour Alger surtout et le Maroc. Les Anglais qui s'étaient fait adjuger Malte et les îles Ioniennes, afin d'obtenir la souveraineté de la Méditerranée plus spécialement intéressée à réprimer la piraterie, voulaient garder leur ascendant maritime, en se faisant les protecteurs du commerce libre. Un an plus tard dans cette pensée lord Exmouth devait foudroyer Alger : les esclaves seraient rendus; mais ce n'était là qu'un fait passager, qu'une répression momentanée, et la piraterie, comme principe, devait trouver sa répression dans les congrès subséquens.

Toutes les puissances étaient également intéressées à ce grand acte; l'empereur Alexandre, avec ses pensées de mysticité chrétienne, acceptait avec enthousiasme le principe de la répression à l'égard de la piraterie, sorte de traite des blancs. L'Autriche qui devenait puissance méditerranéenne, par ses possessions sur la mer Adriatique et le fief de Toscane, y adhérait avec empressement, tandis que la France n'avait qu'un seul regret, celui de ne pouvoir prendre l'initiative. Une note de M. de Talleyrand en fait foi; cette note fut insérée au congrès; elle prélude à ce que la Restauration fit quinze ans plus tard par la prise d'Alger (1).

§ XII.

DÉBARQUEMENT DE BONAPARTE. DÉCLARATION. TRAITÉ MILITAIRE. CONCLUSION DU CONGRÈS.

Le congrès de Vienne au mois de février 1815, avait résolu quoique avec peine, une multitude de questions territoriales relativement à la Pologne, à la Saxe, à l'Italie, et l'on était presque d'accord sur les concessions mutuelles. Il res-

---

(1) J'ai publié tous les documents diplomatiques secrets sur les négociations pour la campagne d'Alger dans l'*Europe depuis l'avénement du roi Louis-Philippe.*

tait bien des inimitiés, des jalousies de puissance à puissance, dont le traité du 15 février 1815, entre la France, l'Autriche et l'Angleterre était l'expression, mais au demeurant les conférences tendaient à leur fin et les objets principaux étaient moralement réglés.

On était au milieu des plaisirs à Vienne, les fêtes s'y succédaient, lorsque la nouvelle du débarquement de Bonaparte au golfe Juan parvint au congrès. Elle y arriva par la Toscane avec une rapidité surprenante. Le 5 mars au soir, les souverains et une grande partie du corps diplomatique étaient réunis dans une de ces fêtes, brillans épisodes au milieu des sérieuses opérations du congrès. Jamais la politique n'avait été plus oubliée pour les petites intrigues amoureuses de salon. Tout-à-coup on aperçoit les empereurs d'Autriche, de Russie, et le roi de Prusse qui se retirent dans un coin du salon et s'entretiennent fortement préoccupés. Une vive agitation se manifeste parmi les spectateurs; on se demande partout avec inquiétude ce qui peut occasionner ce trouble, et bientôt on apprend que Bonaparte a quitté l'île d'Elbe le 25 février. On ne savait point encore où s'était dirigé

6

la flotte, sur quel point Napoléon allait débarquer. Cette nouvelle était arrivée à vol d'oiseau ; elle jeta la plus vive inquiétude. L'état de fermentation de l'Italie était connu. Bonaparte allait-il soulever cette population mécontente? Se portait-il vers Naples pour fortifier les résolutions belliqueuses de Murat! Les monarques n'ignoraient pas non plus l'état de la France, les partis qui s'y agitaient violemment autour d'un trône faible et presque abandonné par l'opinion. Le 8 mars, à cinq heures du soir, un nouveau courrier de Sardaigne apporta la nouvelle que Bonaparte était débarqué à Cannes, et qu'il se dirigeait au pas de course vers les montagnes de la Provence.

Dans cet intervalle, MM. de Talleyrand, le duc de Wellington, le prince de Metternich étaient partis de Vienne pour Presbourg, afin de notifier au roi de Saxe, captif, la résolution du congrès qui lui enlevait une partie de ses États. M. de Talleyrand, ayant reçu les dépêches de Sardaigne, exposa à ses deux collègues la nécessité d'une démonstration énergique de la part des grandes puissances, afin d'arrêter par la menace d'une guerre générale, les progrès que Bonaparte pourrait faire en France. Peu d'objections furent présentées, attendu que cette démarche était une simple mesure de précaution. Le duc de Wellington fit même observer qu'il pourrait être utile que la proposition vînt du cabinet de Vienne pour éloigner toute idée d'un concours, d'une intelligence entre l'Autriche et Napoléon. M. de Metternich s'offrit volontairement à porter la parole dans le comité dirigeant.

Dans la conférence du 21 mars, entre les plénipotentiaires des huit puissances, M. de Metternich exposa « que Napoléon, en quittant l'île d'Elbe et en débarquant sur les côtes de France avec des hommes armés, s'était ouvertement constitué perturbateur du repos public; que, comme tel, il n'était plus sous la protection d'aucun traité, ni d'aucune loi; que les puissances signataires du traité de Paris se trouvaient particulièrement appelées à conserver la paix de l'Europe; qu'elles devaient donc déclarer qu'elles étaient prêtes, en cas de besoin, à fournir à Sa Majesté Très Chrétienne les secours qu'elle pourrait juger convenables pour le maintien de toutes les stipulations du traité de Paris. »

6.

Le système de M. de Metternich était donc de s'appuyer sur le traité de Paris pour fournir le secours de l'Europe entière au roi Louis XVIII; et c'est ce qui amena la déclaration de Vienne, monument si remarquable qui constate l'esprit du congrès et la tendance de ses résolutions.

Les puissances disaient d'abord qu'informées du débarquement de Bonaparte, elles devaient au monde une déclaration solennelle; Bonaparte en brisant son ban à l'île d'Elbe s'était privé de la protection des lois; désormais il ne pouvait y avoir ni paix, ni trêve avec lui, et même toutes relations sociales étaient brisées. Elles déclaraient : « qu'elles voulaient maintenir *intact* le traité de Paris du 30 mai 1814, et garantir la France de tout attentat qui la menacerait d'une nouvelle révolution. »

L'attitude nouvelle que le débarquement de Bonaparte donnait à la diplomatie devait immédiatement hâter la conclusion des actes du congrès; un tel fait était d'un intérêt si grand que toutes les petites querelles devaient s'effacer devant la nécessité impérative d'en finir avec sa puissance. Désormais tout fut militaire à Vienne, tout se résuma en traités de subsides, de contingens, pour porter des armées immenses contre Bonaparte.

Et dans cette action militaire forte et simultanée, les questions secrètes durent également tenir leur place. On examina donc à Vienne, comme appendice, un point de politique très sérieux. Le voici : L'empereur Alexandre fort mécontent de la branche aînée des Bourbons reçut plusieurs mémoires : si l'Autriche n'était pas entièrement éloignée d'une régence avec Marie-Louise et le roi de Rome; si l'Angleterre faisait des protestations indifférentes et froides sur les éventualités de l'avenir laissées libres tout entières à la France, la Russie fort mécontente, je le répète, de la conduite un peu hautaine de Louis XVIII, était pressentie par quelques hommes d'Etat (je crois que le duc Dalberg était dans cette opinion) sur la possibilité de substituer le duc d'Orléans à Louis XVIII sur le trône de France. L'empereur Alexandre semblait y voir plus de garantie, une meilleure direction des idées, moins de contrariétés à ses desseins, et néanmoins après le débarquement de Bonaparte le torrent coulait tellement à pleins bords que tout fut abandonné devant la question militaire ; les préférences de dynastie disparurent devant les périls et les hasards des batailles ; tout le monde eut des espérances de victoire et d'agrandissement, et les mêmes puissances qui déclaraient maintenir dans leur intégralité les dispositions du traité de Paris du 30 mai 1814, voulaient se préparer de nouvelles conquêtes, de nouveaux avantages après la chute de Napoléon.

Dès le débarquement de Bonaparte on ne songea donc plus qu'à terminer les affaires et à rédiger l'acte final du congrès. Avant même que les plénipotentiaires se réunissent à ce dessein il y avait eu une série de traités particuliers qui pour chaque puissance avaient terminé les différends essentiels. Ainsi les frontières de la Russie et de l'Autriche avaient été déterminées par un traité du 21 avril (3 mai 1815), les autres frontières de la Russie et de la Prusse par un traité du même jour ; une autre convention sur Cracovie avait été réglée exclusivement entre l'Autriche, la Prusse et la Russie (3 mai 1815). La Saxe avait signé son traité avec la Prusse le 18 mai, la Prusse et le Hanovre le 29 mai, avec les Pays-Bas le même jour, avec le grand duché de Saxe-Weimar le 1er juin, avec le prince de Nassau le 31 mai. On avait organisé la fédération de l'Allemagne le 8 juin, l'acte fédératif de la Suisse le 27 mai ; successivement on avait réglé le sort de Naples, de Rome et de la Sardaigne, etc.

Chacune de ces conventions était spéciale et conclue entre les plénipotentiaires seuls intéressées. Il fut convenu qu'elles seraient ensuite toutes transformées en dispositions générales insérées dans l'acte final du congrès qui en fut souvent la copie textuelle. De cette insertion résultait pour chacun de ces actes un caractère général et européen. L'acte final signé le 5 juin 1815 était une véritable transaction entre tous qui ne pouvait aussi se modifier que par l'assentiment de tous (*Annexe O.*).

§ XIII.

SECONDE RESTAURATION. TRAITÉ DU 20 NOVEMBRE 1815.

Une distinction capitale doit être faite d'abord afin d'éviter la confusion fréquente dans laquelle on tombe dans les débats ; on parle toujours du congrès de Vienne comme du régulateur absolu des rapports entre la France et l'Europe, sans remarquer qu'à cette époque le droit public de la France fut spécialement réglé par le traité du 30 mai 1814, et la convention plus fatale du 20 novembre 1815.

A cette deuxième époque, il ne s'agissait malheureusement plus des actes du congrès ; ce congrès était clos, les actes signés ; notre droit public si triste qu'il fût était néanmoins réglé par le traité du 20 novembre 1815.

Ces traités du 20 novembre sont de plusieurs natures, et par leur essence ils furent en eux-mêmes une violation flagrante de la déclaration du 13 mars à Vienne, proclamant que l'Europe s'armait pour le maintien du traité du 30 mai 1814. Comment se fait-il donc qu'après un engagement si solennellement pris, l'on modifie et l'on change sans scrupule tous les articles de ce traité ?

Mon Dieu ! c'est que la victoire est le droit public des plus forts ! Sept cent mille baïonnettes étaient en France, il n'y avait plus ni armée, ni esprit public, les Cent-Jours avaient jeté la dissolution partout; chaque puissance de l'Europe faisait ses réclamations; la vieille Allemagne demandait l'Alsace et la Lorraine; la Suisse une fraction du département du Jura; le roi de Sardaigne le cours de l'Isère jusqu'à Grenoble; au nord, la Prusse, les Pays-Bas, voulaient une augmentation de frontière, et nul ne pouvait nier que ces puissances fussent maîtresses à Paris !

Les traités du 20 novembre 1815, tout durs qu'ils étaient, furent donc une sorte de victoire remportée sur l'Europe par la loyauté du duc de Richelieu, qui pleura des larmes de sang, en apposant sa signature sur ces traités : c'était une nature si noble, si française !

Je le répète, ces traités étaient de plusieurs natures.

La convention territoriale la première est conclue directement entre la France et l'Angleterre; signée par le duc de Richelieu, le vicomte Castlereagh et le duc de Wellington, elle porte d'abord une rectification des frontières, qui nous enlève tout le duché de Bouillon, une fraction du département des Ardennes, le pays de Saarbruck jusqu'à Landau. Un peu plus bas le Rhin nous sert de limite; Genève voit s'agrandir son territoire;

Chambéry retourne au royaume de Piémont; Monaco entre dans la souveraineté du roi de Sardaigne. L'art. III du traité est ainsi conçu :

« Les fortifications d'Huningue ayant été constamment un objet d'inquiétude pour la ville de Bâle, les hautes parties contractantes, pour donner à la Confédération helvétique une nouvelle preuve de leur bienveillance et de leur sollicitude, sont convenues entre elles de faire démolir les fortifications d'Huningue ; et le gouvernement français s'engage, par le même motif à ne point les rétablir dans aucun temps et à ne point les remplacer par d'autres fortifications à une distance moindre que trois lieues de la ville de Bâle. »

Cette prescription du traité n'est donc pas un article du congrès de Vienne, mais une disposition postérieure qui n'a rien de commun avec l'acte final du 9 juin 1815.

Le traité fixe ensuite à 700 millions de francs l'indemnité due par la France aux puissances alliées, pour les frais de campagne ; l'occupation de la France par cent cinquante mille étrangers, pendant un laps de cinq ans au plus.

L'art. XI est curieux parce qu'il se rattache au congrès de Vienne, il porte :

« Le traité de Paris du 30 mai 1814, et l'acte final du

congrès du 9 juin 1815, sont confirmés et seront maintenus dans toutes celles de leurs dispositions qui n'auraient pas été modifiées par les clauses du présent traité. "

Cet article constate deux faits, la confirmation et la modification tout à-la-fois de l'acte définitif du congrès de Vienne, résultats aussi sacrés l'un que l'autre. Les traités de Paris du 30 mai 1814, l'acte final du congrès de Vienne du 9 juin 1815, sont acceptés, confirmés par la France, de manière que tout ce qui s'y est fait, tout ce qui a été conclu, est une affaire commune qui ne peut être changée que par un même accord.

Les autres traités du 20 novembre 1815 sont relatifs à l'abolition de la traite des noirs, commerce odieux, également réprimé par la religion et la nature; au réglement et à la fixation des indemnités de guerre inflexiblement imposées à la France. L'annexe n° 1 règle le mode de paiement de l'indemnité de 700 millions, acquittée par portions de quatre mois en quatre mois, soit par des bons du trésor, soit par des rentes constituées. Une commission mixte était formée dans le but d'opérer la liquidation entière de la France.

L'annexe n° 2 était relative à l'occupation militaire par les alliés et à leurs rapports surtout avec les commandans français; le réglement des rations des soldats, les hôpitaux, les charrois, les postes.

L'annexe n° 3 fixait le mode de liquidation des créances réclamées par des particuliers étrangers contre la France, un des points les plus difficiles à régler, parce que les réclamations étaient exorbitantes et souvent ridicules. Tout cela était déterminé en rentes sur l'Etat, de manière à décharger successivement le trésor.

Tels sont les traités de 1815 parfaitement distincts des actes du congrès de Vienne, et cette séparation, cette individualité il ne faut jamais la perdre de vue; en faisant toutefois observer, que dans ces mêmes traités, il est fait la condition expresse, que pour tous les points auxquels il n'était pas dérogé, les articles du congrès de Vienne recevraient leur exécution. Or, dans le traité de Paris du 11 novembre, il n'était pas dit un seul mot sur la réorganisation de la Pologne; sur l'Allemagne et sur la Suisse, il n'était pas apporté une seule modification aux actes postérieurs; de telle sorte que la France restait dans la plénitude de ses droits comme par le passé à l'égard de ces divers points diplomatiques.

On doit en conclure que ces deux actes, les traités de 1815 et le congrès de Vienne, sont à-la-fois séparés et connexes; séparés, parce qu'ils n'émanent pas l'un de l'autre; connexes, en ce qu'ils s'expliquent, se commentent et se protégent mutuellement (*Annexe P.*).

§ XIV.
ACTES PARTICULIERS DES PUISSANCES RELATIFS A LA POLOGNE ET A L'ALLEMAGNE.
DÉCLARATION DE LA SAINTE-ALLIANCE.

L'irruption subite de l'empereur Napoléon, dans les Cent-Jours, la nécessité de prendre des mesures militaires contre lui, avaient suspendu l'entière exécution du congrès de Vienne et ne lui avaient plus donné qu'un intérêt secondaire. Une fois les arrangemens arrêtés avec la France par les traités du 20 novembre 1815, chaque cabinet dut prendre les mesures particulières qui le concernaient spécialement dans la réorganisation de l'Europe.

La France après la seconde invasion, était

si affaissée sous le poids de ses malheurs qu'elle ne pouvait élever la voix pour se plaindre; l'étranger la dominait avec hauteur, et une circonstance qui n'est pas assez connue, c'est que le même jour que tant de sacrifices nous étaient imposés, l'Angleterre, la Russie, la Prusse et l'Autriche s'engageaient entre elles par une convention, à soutenir, appuyer de toutes leurs forces le maintien et l'exécution des traités du mois de novembre. En voici les termes :

« Le but de l'alliance conclue à Vienne le 25 mars 1815, ayant été heureusement atteint par le rétablissement en France de l'ordre des choses que le dernier attentat de Napoléon Bonaparte avait momentanément subverti, Leurs Majestés l'empereur d'Autriche, le roi du Royaume-Uni de la Grande-Bretagne et d'Irlande, le roi de Prusse et l'empereur de toutes les Russies, considérant que le repos de l'Europe est essentiellement lié à l'affermissement de cet ordre de choses, fondé sur le maintien de l'autorité royale et de la Charte constitutionnelle, et voulant employer tous leurs moyens pour que la tranquillité générale, objet des vœux de l'humanité et but constant de leurs efforts, ne soit pas troublée de nouveau, désirant en outre de resserrer les liens qui les unissent pour l'intérêt commun de leurs peuples, ont résolu de donner aux principes consacrés par les traités de Chaumont du 1er mars 1814, et de Vienne du 25 mars 1815, l'application la plus analogue à l'état actuel des affaires et de fixer d'avance, par un traité solennel, les principes qu'elles se proposent de suivre pour garantir l'Europe des dangers qui pourront encore la menacer. A cette fin, les hautes parties contractantes ont nommé pour discuter, arrêter et signer les conditions de ce traité, etc., etc. :

Article premier. Les hautes parties contractantes se promettent réciproquement de maintenir dans sa force et vigueur le traité signé aujourd'hui avec Sa Majesté Très Chrétienne, et de veiller à ce que les stipulations de ce traité, ainsi que celles des conventions particulières qui s'y rapportent soient strictement et fidèlement exécutées dans toute leur étendue.

Art. ii. S'étant engagées dans la guerre qui vient de finir pour maintenir inviolables les arrangemens arrêtés à Paris l'année dernière pour la sûreté et l'intérêt de l'Europe, les hautes parties contractantes ont jugé convenable de renouveler, par le présent acte, et de confirmer comme mutuellement obligatoires, lesdits arrangemens, sauf les modifications que le traité signé aujourd'hui avec les plénipotentiaires de Sa Majesté Très Chrétienne y a apportées, et particulièrement ceux pour lesquels Napoléon Bonaparte et sa famille, en suite du traité du 11 avril 1814, ont été exclus à perpétuité du pouvoir suprême en France, laquelle exclusion les puissances contractantes s'engagent, par le présent acte, à maintenir en pleine vigueur, et s'il était nécessaire, avec toutes leurs forces. Et comme les mêmes principes révolutionnaires qui ont soutenu la dernière usurpation criminelle, pourraient encore, sous d'autres formes, déchirer la France et menacer ainsi le repos des autres États, les hautes parties contractantes reconnaissant solennellement le devoir de redoubler leurs soins pour veiller, dans des circonstances pareilles, à la tranquillité et aux intérêts de leurs peuples, s'engagent, dans le cas qu'un si malheureux événement vînt à éclater de nouveau, à concerter entre elles et Sa Majesté Très Chrétienne, les mesures qu'elles jugeront nécessaires pour la sûreté de leurs États respectifs et pour la tranquillité générale de l'Europe.

Art. III. En convenant avec Sa Majesté Très Chrétienne de faire occuper pendant un certain nombre d'années, par un corps de troupes alliées, une ligne de positions militaires en France, les hautes parties contractantes ont eu en vue d'assurer, autant qu'il est en leur pouvoir, l'effet des stipulations des art. 1 et 2 du présent traité; et constamment disposées à adopter toute mesure salutaire propre à assurer la tranquillité en Europe par le maintien de l'ordre établi en France, elles s'engagent dans le cas où ledit corps d'armée serait attaqué ou menacé d'une attaque de la part de la France, comme dans celui que les puissances fussent obligées de se remettre en état de guerre contre elle, pour maintenir l'une ou l'autre des autres stipulations, ou pour assurer et soutenir les grands intérêts auxquels elles se rapportent, à fournir sans délai, d'après les stipulations du traité de Chaumont, et notamment d'après les art. 7 et 8 de ce traité, en sus des forces qu'elles laissent en France, chacune son plein contingent de soixante mille hommes, ou telle partie de ce contingent que l'on voudra mettre en activité, selon l'exigence du cas.

Art. iv. Si les forces stipulées par l'article précédent se trouvaient malheureusement insuffisantes, les hautes parties contractantes se concerteront sans perte de temps sur le nombre additionnel de troupes que chacune fournira pour le soutien de la cause commune, et elles s'engagent à employer en cas de besoin la totalité de leurs forces pour conduire la guerre à une issue prompte et heureuse, se réservant d'arrêter entre elles, relativement à la paix qu'elles signeraient d'un commun accord, des arrangemens propres à offrir à l'Europe une garantie suffisante contre le retour d'une calamité semblable.

Art. v. Les hautes parties contractantes s'étant réunies sur les dispositions consignées dans les articles précédens, pour assurer l'effet de leurs engagemens pendant la durée de l'occupation temporaire, déclarent en outre qu'après l'expiration même de cette mesure, lesdits engagemens n'en resteront pas moins dans toute leur force et vigueur pour l'exécution de celles qui sont reconnues nécessaires au maintien des stipulations contenues dans les art. 1 et 2 du présent acte.

Art. vi. Pour assurer et faciliter l'exécution du présent traité, et consolider les rapports intimes qui unissent aujourd'hui les quatre souverains pour le bonheur du monde, les hautes parties contractantes sont convenues de renouveler, à des époques déterminées, soit sous les auspices immédiats des souverains, soit par leurs ministres respectifs, des réunions consacrées aux grands intérêts communs et à l'examen des mesures qui, dans chacune de ces époques, seront jugées les plus salutaires pour le repos et la prospérité des peuples et pour le maintien de la paix de l'Europe.

Art. vii. Le présent traité sera ratifié et les ratifications en seront échangées dans deux mois, ou plus tôt si faire se peut.

En foi de quoi, les plénipotentiaires respectifs l'ont signé, et y ont apposé le cachet de leurs armes.

Fait à Paris, le 20 novembre, de l'an de grâce 1815.

Signé : Castlereagh, Wellington, Metternich, Wessenberg, Hardenberg, Humboldt, Rasumowsky, Capo d'Istria.

Je crois ce traité capital dans l'histoire pour faire connaître la tendance des cours européennes. Jamais elles ne s'en sont un moment départies : l'union contre l'esprit révolutionnaire a toujours été le même; et la France fut surveillée comme le foyer des doctrines de bouleversement.

Désormais en l'état de l'occupation militaire de notre territoire par l'étranger, tout ce qui tenait à l'Allemagne et à la Pologne, quoique partie essentielle des actes du congrès de Vienne, allait se régler par chaque puissance spécialement intéressée ; et à peine les armes étrangères évacuaient-elles la France, que l'empereur Alexandre s'adressait solennellement à ses nouveaux sujets de Pologne, pour leur annoncer ses intentions de liberté et de gouvernement :

« Polonais, de nouveaux liens vont vous unir à un peuple généreux qui, par d'anciennes relations, par une valeur digne de la vôtre et par le nom commun de nations slaves, est disposé à vous admettre à une confraternité qui sera chère et utile aux deux peuples. Une constitution appropriée aux besoins des localités et à votre caractère, l'usage de votre langue conservé dans les actes publics, les fonctions et les emplois accordés aux seuls Polonais, la liberté du commerce et de la navigation, votre armée nationale, tous ces moyens garantis pour perfectionner vos lois, la libre circulation des lumières dans votre pays : tels sont les avantages dont vous jouirez sous notre domination et sous celle de nos successeurs, et que vous transmettrez comme héritage à vos descendans. Ce nouvel État devient *Royaume de Pologne*, nom si vivement désiré, depuis si long-temps déclaré par la nation, et acquis au prix de tant de sang et de sacrifices. »

Ainsi s'exprimait l'empereur Alexandre, et remarquons la date, en octobre 1815. On était à quelques mois seulement de l'acte final du congrès de Vienne ; l'empereur l'interprétait donc dans le sens le plus large de la liberté polonaise ; et cela malgré l'Autriche et la Prusse.

Ces paroles étaient claires et nettes : l'empereur promettait une constitution à part et la création d'un royaume de Pologne, nationalité distincte sous son sceptre. Il était non moins explicite en ce qui touchait la liberté et l'indépendance de Cracovie ; il disait :

« Pour aplanir les difficultés qui se sont élevées au sujet de la ville de Cracovie, nous avons fait adopter l'idée de rendre cette ville neutre et libre. Ce pays, placé sous la protection de trois puissances libératrices et unies, jouira du bonheur et de la tranquillité en se consacrant uniquement aux arts, aux sciences, au commerce et à l'industrie. Il sera comme un monument d'une politique magnanime, qui a placé cette liberté dans l'endroit même où reposent les cendres des meilleurs de vos rois, et où se rattachent les plus nobles souvenirs de la patrie polonaise. Enfin, pour couronner une œuvre que les malheurs des temps ont si long-temps retardée, on a consenti d'un accord unanime, que dans les parties même de la Pologne, soumises aux dominations prussienne et autrichienne, les habitans fussent désormais gouvernés par leurs propres magistrats choisis dans le pays. »

Étaient-ce là des promesses explicites et complètes? Dans une assemblée solennelle à Varsovie, au bruit des salves d'artillerie retentissantes, le rétablissement du royaume de Pologne fut proclamé ! Un héraut d'armes au blason polonais lut l'acte de renonciation du roi de Saxe, la proclamation d'Alexandre, et déclara les bases de la constitution polonaise, les mêmes que celles de 1791. Alors les habitans prêtèrent par acclamations le serment inaugural au roi de Pologne et à la constitution. L'aigle et les drapeaux de Sobieski furent arborés sur tous les édifices ; sur la place publique où un autel avait été érigé, les troupes polonaises prêtèrent serment par bataillon, à l'empereur, roi de Pologne, et à la nation polonaise reconstituée.

A Cracovie, on fit l'inauguration des armes de la nouvelle république en présence des commissaires des trois puissances protectrices, et les habitans, dans une assemblée solennelle, refusèrent de célébrer des fêtes le 18 septembre, jour où Poniatowski avait glorieusement péri au passage de l'Essler.

L'empereur de Russie ne borna pas là ses générosités. Un régiment d'infanterie, un régiment de cavalerie et un parc d'artillerie furent déclarés garde-royale polonaise. Un gouvernement à part fut organisé; le comte Matusewich fut désigné pour le ministère des finances; le comte Matowski pour celui de l'intérieur et de la police. C'est sous l'influence d'hommes d'état, de patriotes distingués que s'élaborait la constitution dont les bases avaient été jusque-là seulement posées. L'empereur Alexandre toujours occupé de son idée de réunir tous les fragmens de l'ancienne Pologne en un grand et unique royaume, permettait aux évêques de la Volhynie, de la Lithuanie et de l'Ukraine, de se rassembler en synode avec les évêques du grand duché.

La Prusse et l'Autriche virent avec ombrage les députés de Cracovie assister au couronnement de l'empereur, où chaque palatinat parut avec sa bannière et ses couleurs. Les vieux russes murmuraient de cette protection pour un peuple vaincu. L'empereur persista dans sa volonté de constituer la Pologne. Il écrivit aux patriotes Kosciusko, Dambrowski et Niemcewitz, pour qu'ils vinssent fixer leur résidence à Varsovie; répondant au sénateur président de la diète, Alexandre dit : « Je sais tout ce qu'a souffert le royaume, mais des institutions libérales pourront le sauver. »

Il est besoin de s'arrêter à toutes ces paroles, à

tous ces actes, pour bien comprendre le sens et la portée de conventions arrêtées à Vienne et relatives à la Pologne et à l'établissement de la république de Cracovie : n'étaient-ce pas le développement et la confirmation des actes du congrès ? Désormais il n'était pas plus permis de supprimer Cracovie que d'effacer l'indépendance des villes libres de Francfort, Hambourg ou Lubeck. Sans doute les puissances protectrices pouvaient faire tous les actes intérieurs, changer même la constitution, la forme de représentation nationale ou du gouvernement administratif ; mais la suppression absolue de l'indépendance, sa fusion, deviendraient une violation manifeste des traités.

La tendance des affaires de l'Allemagne en 1815 était non moins libérale que celle de la Pologne ; on venait de vaincre Bonaparte au nom de la liberté, et la Prusse se mettait à la tête du mouvement. L'organisation militaire et civile avait été ainsi fixée par le roi Frédéric-Guillaume. La Prusse devait avoir dix provinces et vingt-cinq arrondissemens ou cercles ; un général en chef devait commander chaque division ; il y avait à la tête de chaque province un grand président avec la surveillance générale des affaires de la province, de la police civile et médicale, de l'éducation et du culte; il était en même temps président de la régence de l'arrondissement, et dirigeait les autres régences.

Dans les provinces où il y avait des corps de représentans ou États provinciaux, ces corps devaient être maintenus, mais organisés de manière que toutes les classes de citoyens y fussent représentées. Dans les provinces où il n'y avait pas un corps d'État, il en devait être créé. Ces assemblées provinciales nommaient les députés à l'assemblée nationale.

Il était créé par approximation une université par province. Celles de Kœnigsberg, Dantzick, Breslau, Berlin, Grisswalde pour la Poméranie, et Halle pour la Saxe, étaient organisées ou décrétées. Il devait en être établi à Coblentz, à Dusseldorff et à Munster; celle-ci était particulièrement destinée aux catholiques. On devait établir à Posen une université polonaise.

Les provinces du Rhin, cédées par le traité de Paris, recevaient une organisation à part. Il était dit dans l'acte de leur constitution, « que malgré la force des derniers événemens, et au milieu même du bruit des armes, S. M. le roi de Prusse n'avait pas cessé de s'occuper des moyens susceptibles de consolider le bien-être futur de ses nouveaux sujets ; qu'une des premières nécessités, pour atteindre ce but, était une constitution solide, mûrement discutée, et tellement parfaite dans son ensemble, que toutes les branches de la justice et de l'administration fussent en harmonie ; qu'il entrait dans les vues paternelles de Sa Majesté de donner une telle constitution aux pays nouvellement acquis, et d'apporter des modifications dans ceux des rapports locaux qui pourraient rendre une exception nécessaire ou avantageuse. »

Jusque-là c'était moins des institutions générales dont on s'occupait, que d'une simple administration locale ; mais le Conseil préparait une constitution pour la monarchie ; la *Gazette de Berlin* disait :

« Les changemens ordonnés par le roi, et qui avaient pour objet une plus grande extension de liberté, sont en partie achevés. On croit que l'époque n'est pas éloignée où s'assembleront les États composés des députés de toutes les provinces de la monarchie, pour délibérer sur le bien-être futur d'un peuple, qui, dans ces derniers temps, a tant contribué, par une énergie morale sans exemple, à la paix dont l'Europe espère jouir sous peu. Le peuple prussien se promet de la nouvelle constitution et de l'assemblée générale de ses représentans infiniment de bien et de bonheur.

Une ordonnance du roi Frédéric-Guillaume, réalisait la plupart de ces promesses.

« Par notre ordonnance du 30 du mois dernier, y était-il dit, nous avons prescrit pour notre monarchie une administration régulière basée sur les rapports provinciaux qui existaient précédemment. Mais afin que cette institution reçoive un nouvel appui, qu'il soit donné à la nation prussienne un gage de notre confiance, nous avons statué qu'il serait établi une *représentation du peuple;* que les États provinciaux, en tant qu'il en existe encore seront réhabilités et organisés suivant l'exigence du cas. C'est parmi ces Etats provinciaux que sera choisie l'assemblée des représentans du pays, dont le siége sera établi à Berlin. Les fonctions des représentans du pays consistent dans la consultation sur tous les objets de la législation qui concernent les droits individuels et de propriété des citoyens du royaume, y compris l'imposition des charges. Il sera formé sans délai à Berlin une commission choisie dans les fonctionnaires publics et les habitans des provinces dont le mérite et la prudence ne laissent aucun doute. Cette commission s'occupera de l'organisation des Etats provinciaux, de la représentation du pays, de la rédaction de l'acte constitutionnel d'après les principes établis. Le jour de l'assemblée est fixé au 1er septembre de cette année. »

Aucun engagement ne pouvait être plus formel. Le roi promettait une constitution véritable, une représentation du peuple, dont le siége serait à Berlin. Il appelait toutes les intelligences à s'en occuper, à discuter les bases les mieux appropriées au caractère et à l'esprit prussien.

Dans les divers États de l'Allemagne, on suivait la même tendance. Des constitutions plus ou moins libérales avaient été données au Wurtemberg, à la Saxe, au Hanovre, au grand duché de Bade, et à toutes les principautés nouvellement instituées. Dans le Hanovre, la vieille liberté des États avait été rétablie et reconnue par l'Angleterre. Dans le Wurtemberg, le jeu nouveau des institutions avait amené un conflit entre le roi et les États, si bien que, le roi persistant dans son refus, les États s'adressèrent aux puissances signataires du traité de Vienne, pour faire reconnaître leurs droits.

La forme générale de ces institutions était deux chambres convoquées; l'une héréditaire, l'autre élue par les corporations: vote triennal ou quinquennal des impôts; liberté de la presse, suspendue par rapport aux journaux; États provinciaux; municipalités locales; liberté des personnes et des propriétés. Mais tous ces petits royaumes ou grands duchés, compris eux-mêmes dans la diète germanique, ne pouvaient protéger leur indépendance intérieure. Une menace des deux grandes puissances, l'Autriche ou la Prusse, suffisait pour leur faire modifier les concessions libérales qu'ils pouvaient faire à leurs sujets. Par l'organisation de la diète, l'Autriche conservait une haute influence; politiquement elle y dominait.

L'Autriche n'avait pas fait de concessions générales, mais elle avait établi pour ses États héréditaires une administration régulière et paternelle. La Hongrie jouissait de quelques débris de la vieille indépendance. Ses comitats se réunissaient toujours, votaient des subsides de guerre, des levées d'hommes; mais la composition de ces conseils était toute dans les mains du gouvernement.

Les nouvelles possessions de l'Autriche en Italie avaient été le sujet de sérieuses réflexions. La cour de Vienne avait eu un moment l'idée de faire couronner l'empereur roi d'Italie; mais les mêmes raisons qui s'étaient opposées à ce que François II prît le titre d'empereur d'Allemagne, furent invoquées contre le titre de roi d'Italie. On parlait déjà pourtant du pacte fédéral qui devait unir toutes les souverainetés indépendantes de l'Italie. Le but du pacte était d'empêcher tout changement dans les rapports intérieurs et extérieurs des États souverains de cette partie de l'Europe. En cas d'attaque, les puissances fédérées devaient chacune fournir un contingent, déterminé à une armée de cent mille hommes. On devait également organiser une marine suffisante pour repousser les États barbaresques. Le prince de Metternich était l'auteur de ce plan, qui devait mettre à la disposition de l'Autriche toutes les forces de la Péninsule italique.

On est aujourd'hui vivement étonné de la tendance libérale de l'Europe à cette époque de crise qui suivit la seconde invasion de Bonaparte. Il fut fait de grandes promesses des rois aux peuples pour le développement des libertés. Ces promesses n'ont pas absolument été tenues : à qui la faute? est-elle tout entière du côté des rois, et ne faut-il pas faire la part des menées révolutionnaires partout si menaçantes? Pour que la liberté soit possible et pratique chez un peuple, il faut la détacher de l'esprit révolutionnaire qui est la destruction de tout pouvoir; et dès 1815 les deux esprits jacobin et bonapartiste travaillaient les peuples pour préparer de nouvelles révolutions : dès-lors les rois durent prendre l'initiative. On peut rattacher à cet ordre d'idées le manifeste ou déclaration connue sous le titre de traité de la *Sainte-Alliance*. L'empereur Alexandre aimait les choses d'imagination et de philosophie mystique; l'idée d'une confédération chrétienne pour le maintien des couronnes et des peuples lui souriait, comme la pensée d'une croisade dont il serait le chef.

Ce traité de la *Sainte-Alliance*, si souvent attaqué comme l'expression et l'œuvre du despotisme, est la pièce diplomatique qui sous des apparences vagues et mystiques exprime les principes les plus larges en matière de gouvernement et de liberté philosophique. L'impulsion première vint de l'empereur Alexandre, qui en fit comme son œuvre de prédilection et sa croyance ardente dans les oratoires bénis sous l'influence de madame Krudner, à ce moment où les idées de fraternité chrétienne se propageaient dans les actes, tels que la déclaration sur la traite des noirs. La Prusse accepta cette déclaration par condescendance pour l'empereur Alexandre; M. de Metternich, parce qu'il ne voulait pas faire de l'opposition immédiate aux choses sans importance, et qu'au fond ce traité très vague ne changeait en rien les actes positifs (*Annexe Q.*). Le prince régent se refusa à signer, en se fondant sur la constitution anglaise, qui ne permettait pas les traités dont on ne pouvait pas apprécier la portée matérielle : que signifiait cette fraternité chrétienne entre toutes les puissances? y avait-il là un sens caché, à double entente, dont l'énigme était à Pétersbourg? Si la fraternité chrétienne se résumait dans l'abolition de la traite des noirs, dans la cessation de la piraterie, cela était bien; mais comme la Turquie n'était pas sous l'empire de la croix, était-ce une déclaration de guerre qu'on lui faisait et une menace de partage? À peine né, le traité de la Sainte-Alliance fut considéré comme une simple déclaration de principe, sans résultat actuel, et qu'il fallait reléguer dans les archives.

Mais un acte bien plus capital, ce fut le renouvellement de la triple alliance entre la Russie, la Prusse et l'Autriche, pour le maintien du traité signé à Paris le 20 novembre. On y rappelait toutes les stipulations, toutes les menaces du traité de Chaumont; la solidarité entre les couronnes et cette situation prise par les trois puissances a toujours été invariable. Ce qu'elle a été elle l'est encore, et cela s'explique : tant que les principes de la révolution française ne seront pas éteints ou apaisés, il y aura danger pour l'Europe. Celle-ci se groupe, s'organise, et toujours elle est préparée à une entrée en campagne, parce qu'en présence des menaces incessantes de l'esprit propagandiste, il s'agit de sa sûreté et de sa force de gouvernement.

§ XV.

RÉACTION EUROPÉENNE CONTRE L'ESPRIT LIBÉRAL. CONGRÈS D'AIX-LA-CHAPELLE.

La répartition territoriale de l'Europe était accomplie par le congrès de Vienne et les traités de Paris du 30 mai 1814 et 20 novembre 1815; la pensée morale s'était révélée par la déclaration de la Sainte-Alliance. Restait donc maintenant un seul point, l'accomplissement des promesses pour l'organisation libérale et constitutionnelle de divers États, ainsi qu'on l'avait promis aux peuples dans le moment d'enthousiasme et de marche en avant contre Napoléon.

Je distingue l'immense différence qui existe entre l'esprit libéral et l'esprit révolutionnaire ; je crois que la révolution a beaucoup contribué à tuer la liberté, en mêlant une question de bouleversement à une question de garantie et de constitution politique. L'Europe dès-lors a dû réprimer avant d'organiser.

De grandes promesses avaient été faites par les souverains lors du mouvement militaire contre Napoléon ; cela est incontestable. Ces engagemens pouvaient-ils être tenus ? Oui, sans doute, si l'esprit de bouleversement n'avait pas corrompu l'esprit constitutionnel ; si en un mot les couronnes elles-mêmes n'avaient pas été menacées.

1° En Allemagne, par les sociétés secrètes, les écoles, les universités.

2° En Italie, par le carbonarisme.

3° En Pologne, par l'esprit d'agitation militaire et de nationalité extrême.

4° En France, par l'esprit jacobin mêlé à l'esprit impérialiste.

Cette conspiration à quatre faces a compromis la liberté en Europe, j'entends la liberté légitime sur les bases de la constitution, de la famille, de la religion, de la propriété.

Dès qu'il fut constaté pour l'Europe que l'esprit révolutionnaire se mêlait aux plaintes légitimes des sujets, les méfiances commencèrent, et la réaction s'établit dans tous les cabinets, car le premier besoin d'un pouvoir est de se défendre.

Il faut reporter cette nouvelle tendance des cabinets européens à la fin de 1816. La coalition avait été occupée depuis 1813 à comprimer le grand mouvement militaire de la France, cet esprit belliqueux qui avait débordé par la conquête; et à cette fin elle s'était servie de la liberté. Une fois débarrassée de cette peur de la dictature napoléonienne, elle dirigea toute son attention sur l'autre danger qui la menaçait. En Prusse, le roi cherchait à mettre un point d'arrêt aux sociétés secrètes, à ce puissant amour de patrie qui avait excité tant d'enthousiasme parmi la population allemande. A cet effet une vive polémique s'était engagée, et les difficultés devenant tous les jours plus sérieuses, le cabinet prussien s'en préoccupa exclusivement. Après avoir profondément étudié l'esprit public, il tenta une première mesure contre les sociétés secrètes, contenue dans un édit royal du 6 janvier 1816.

Le roi disait « qu'il avait remarqué avec un juste mécontentement l'esprit de parti qui se montrait, et la différence des opinions sur l'existence des sociétés secrètes. Lorsque la patrie, en proie à l'adversité, était exposée à de grands dangers, le roi avait approuvé la société dite *Réunion de la vertu* (*Tugendbund*) parce que c'était un moyen d'accroître le patriotisme. Maintenant que la paix générale était rétablie, tous les habitans devaient être animés d'un même esprit et n'avoir qu'un but, celui de la conserver. » En conséquence le roi renouvelait les dispositions du Code que voici : « les membres de toutes sociétés dans l'État sont tenus de déclarer aux autorités, quand ils en seront requis, l'objet et le but de leur réunion. Les liaisons secrètes de plusieurs membres de l'État, lorsqu'elles peuvent avoir quelque influence sur l'État lui-même et sa sûreté, doivent, sous peine d'une forte amende ou d'une punition corporelle, être soumises par les membres à l'examen et à l'approbation des autorités. D'après ces dispositions, les débats qui avaient lieu dans des écrits publics sur l'existence et le but des sociétés secrètes étaient inutiles, propres à jeter de l'inquiétude parmi les fidèles sujets et à nourrir un esprit de parti dangereux; en conséquence le roi voulait et ordonnait : Qu'à compter de la publication de ces présentes, personne dans les États prussiens ne pût, sous peine d'une forte amende ou d'une punition corporelle, rien imprimer ou publier au sujet des sociétés secrètes.

La conclusion philosophique de cet édit était celle-ci : Il n'y aura plus de société dans l'État et le roi c'est l'État. La situation de l'Allemagne préoccupait, comme on le voit, le cabinet de Berlin qui le premier sentit la nécessité d'une prochaine réunion diplomatique et tout allemande dans l'objet de prendre en considération les rapports des souverains et des sujets. La position des petites souverainetés germaniques n'était pas rassurante. La Bavière était sur plusieurs points en dissidence avec l'Autriche. Des traités secrets unissaient le Wurtemberg, le grand duché de Bade et la Bavière. La diète de Francfort ne pouvait encore se réunir ; on parlait d'un protectorat commun attribué à la Prusse et à l'Autriche sur toutes les principautés germaniques du second ordre. Quant à l'Autriche, elle organisait ses nouveaux États ; le Tyrol obtenait une administration à part. L'empereur voyageait en Italie pour y recevoir les hommages de ses sujets. Les archiducs et archiduchesses prenaient également en Italie, possession de leurs apanages.

Ces actes de l'autorité royale produisirent un immense effet ; le mécontentement fut vif en Allemagne ; les étudians proposaient des duels mystiques et chevaleresques. C'était principalement dans l'armée prussienne que cette force d'associations se faisait sentir. Blücher et son vieil ami le général Gneisenau étaient les chefs visibles de ces sociétés, et le ministère n'osait point affronter des guerriers qui avaient rendu de si grands services à la patrie. J'ai conservé une lettre que le prince Blücher écrivit à la bourgeoisie de Mecklembourg ; elle peint le patriote, le vieux soldat, l'homme enthousiaste :

Je me lève en votre nom pour remercier notre souverain commun. Je lui appartiens, et je me fais un honneur d'être votre compatriote. Dieu a voulu accorder à un Mecklembourgeois la grâce d'aider à délivrer le monde de la tyrannie. L'entreprise est terminée, et je jouis maintenant du bonheur tant désiré de me trouver gai et libre dans le pays où j'ai joué dans mon enfance et où reposent les cendres de mes parens. Tu le sais, ô mon Dieu, combien j'ai souhaité de prier près de leur tombe, avant de remplir la mienne. Je te remercie de m'avoir accordé cette grâce ! Que je voudrais bien reposer auprès d'eux ! Mais je n'ose plus former de vœux. Je n'ai obtenu que trop, j'ai obtenu plus que je ne méritais. Mon cœur vous appartient. Aimez-moi ; restez, comme je vous trouve, fidèles à votre Dieu et à la vérité, fidèles à votre prince et à la liberté ! Je ne crois pas me tromper, si, à la fin de mes jours, je prédis les jours les plus heureux et les plus indépendans à ma patrie, sous le prince que j'ose appeler mon ami (1).

Ces paroles un peu mystiques révélaient le véritable état des esprits en Allemagne ; et l'on en peut dire autant de la Pologne et de l'Italie. Les trois cabinets de Russie, de Prusse et d'Autriche craignant les effets que les principes révolutionnaires pouvaient produire dans leurs propres États, se lièrent plus intimement dans un but de répression. L'Europe n'était pas fort tranquille alors ; en Angleterre le ministère avait été obligé d'invoquer contre

---

(1) Voyez mon travail sur *la Restauration*, t. v.

les mouvemens révolutionnaires l'*alien bill* et de suspendre l'*habeas corpus*. Lors Castlereagh persistait dans son système de répression et de force, et M. de Metternich avait les yeux fixés sur la situation de l'Allemagne. La Prusse partageait les craintes de l'Autriche ; les ministres des cabinets s'étaient réunis, ils avaient conféré préparatoirement sur toutes les questions politiques que faisait naître la situation des esprits, et le résultat de leurs délibérations par rapport à l'Allemagne faisait craindre qu'ils ne résolussent pas la question de prépondérance et de liberté européenne dans le sens désiré par le véritable parti libéral, appelant alors une constitution générale et fédérative.

Dans ces circonstances on résolut de réunir un nouveau congrès à Aix-la-Chapelle. Le but officiel de ce congrès était de déterminer les moyens sérieux et légitimes de faire cesser l'occupation étrangère en France. L'Europe avait si peur même que cette réunion des souverains fût prise pour un congrès fondamental qui changerait les bases des récens traités, que les cabinets crurent devoir adresser une circulaire à leurs ministres respectifs auprès des cours de l'Europe :

Monsieur, y disaient-ils, les souverains alliés qui ont signé avec la France le traité du 20 novembre 1815, étant convenus de se réunir dans l'automne prochain, pour, conformément à l'art. 5 dudit traité, prendre en considération, de concert avec Sa Majesté Très Chrétienne, l'état intérieur de la France, et, d'après cet antécédent, décider si l'occupation des provinces frontières de ce royaume peut cesser, ou bien si elle doit être continuée, mes collègues et moi avons reçu les ordres de nos cabinets respectifs de vous faire connaître les motifs de cette réunion ; il n'est aucun doute que l'article sus-mentionné ne réserve aux souverains alliés le droit exclusif de décider seuls l'importante question qui en est l'objet. Cependant, Leurs Majestés Impériales et Royales, voulant éviter toute interprétation non fondée qui pourrait tendre à donner à leur réunion le caractère d'un congrès, et écarter en même temps l'intervention d'autres princes et cabinets dans la discussion dont la décision leur est expressément réservée, ils ont ordonné à la conférence de Paris de faire connaître, par l'organe des ministres et employés accrédités auprès des autres cours et États, la résolution qu'ils ont prise de décliner toute ouverture contraire qui pourrait leur être adressée à cet égard, et de n'admettre aucun plénipotentiaire qui serait envoyé au lieu destiné pour leur réunion. En usant d'un droit qui leur est exclusivement réservé par le traité de 1815, les souverains alliés ne veulent nullement attirer à eux les négociations entamées à Paris, à Londres et à Francfort, lesquelles doivent être terminées dans les lieux où les conférences sont établies, et avec l'intervention de toutes les parties qui, vu la nature des affaires, sont appelées à y prendre part. En conséquence, j'ai l'honneur de vous informer de cette détermination unanime des souverains alliés, afin que vous vouliez bien vous exprimer dans le même sens toutes les fois que le gouvernement auprès duquel vous êtes accrédité, vous exprimerait le désir ou l'intention d'envoyer quelque personne, ou de prendre part directement ou indirectement aux délibérations exclusivement réservées à la décision des cours alliées.

Cette circulaire était destinée non-seulement à prévenir les alarmes de l'opinion, mais encore à arrêter les demandes intempestives que pouvaient adresser les divers gouvernemens à la réunion des souverains alliés; elle tendait en outre à écarter de la conférence trois des parties signataires du traité de Paris du 30 mai 1814, l'Espagne, le Portugal et la Suède. L'Espagne avait déjà fait parvenir à son ministre en Prusse des mémoires sur les moyens de réprimer le mouvement révolutionnaire de ses colonies; le Portugal avait également adressé de nombreuses réclamations; de tous côtés arrivaient des pétitions sur des intérêts divers que le congrès de Vienne avait laissés irrésolus. Le véritable objet de la réunion souveraine se rattachait à l'unique difficulté de l'évacuation du territoire de la France.

Cette évacuation fut résolue le 29 septembre, chez le prince de Hardenberg après une longue explication, car, à vrai dire il n'y eut pas de discussion. Le principe de l'évacuation du territoire de la France fut admis dans la soirée du 1ᵉʳ octobre; un courrier de cabinet fut immédiatement expédié au roi Louis XVIII pour lui annoncer l'heureux résultat. Le premier protocole signé le soir même ne contenait qu'un article :

Les troupes composant l'armée d'occupation seront retirées du territoire de la France le 31 novembre prochain ou plus tôt si faire se peut. Les places et forts que les susdites troupes occupent seront remis aux commissaires nommés, à cet effet, par Sa Majesté Très Chrétienne, dans l'état où elles se trouvaient au moment de l'occupation, en conformité de l'art. 50 de la convention conclue en exécution de l'art. 15 du traité du 20 novembre 1815. La somme destinée à pourvoir à la solde, l'équipement et l'habillement des troupes de l'armée d'occupation, sera payée dans tous les cas jusqu'au 30 novembre, sur le même pied qu'elle l'a été depuis le 1ᵉʳ décembre 1817.

C'était là le point essentiel à régler : il était admis que le territoire français ne serait plus occupé par les troupes étrangères ; les souverains interprétaient l'art. 4 de la convention du 20 novembre, dans le sens d'une simple occupation de trois années au lieu de l'occupation facultative de cinq ans qu'ils pouvaient se réserver; ils reconnaissaient enfin, que la France était appelée à jour le rôle d'indépendance et de grande nation qui toujours lui appartient.

La déclaration du 15 novembre 1818 me paraît résumer admirablement les dispositions de l'Europe lors de la réunion d'Aix-la-Chapelle ; elle est ainsi conçue :

A l'époque où la pacification de l'Europe est achevée par la résolution de retirer les troupes étrangères du territoire français, et où cessent les mesures de précaution que des événemens déplorables avaient rendues nécessaires, les ministres et plénipotentiaires de L. M. l'empereur d'Autriche, le roi de France, le roi de la Grande-Bretagne, le roi de Prusse et l'empereur de toutes les Russies, ont reçu de leurs souverains l'ordre de porter à la connaissance de toutes les cours de l'Europe les résultats de leur réunion à Aix-la-Chapelle, et de faire, à cet effet, la déclaration suivante.

La convention du 9 octobre, qui a définitivement réglé

l'exécution des engagemens consignés dans le traité de paix du 20 novembre 1815, est considérée, par les souverains qui y ont concouru, comme l'accomplissement de l'œuvre de la paix et comme le complément du système politique destiné à en assurer la solidité. L'union intime établie entre les monarques associés à ce système, par leurs principes non moins que par l'intérêt de leurs peuples, offre à l'Europe le gage le plus sacré de la tranquillité future, l'objet de cette union est aussi simple que grand et salutaire. Elle ne tend à aucune nouvelle combinaison politique, à aucun changement dans les rapports sanctionnés par les traités existans. Calme et constante dans son action, elle n'a pour but que le maintien de la paix et la garantie des transactions qui l'ont fondée et consolidée. Les souverains, en formant cette union auguste, ont regardé comme la base fondamentale, leur invariable résolution de ne jamais s'écarter, ni entre eux, ni dans leurs relations avec d'autres États, de l'observation la plus stricte des principes du droit des gens, principes qui, dans leur application à un état de paix permanent, peuvent seuls garantir efficacement l'indépendance de chaque gouvernement et la stabilité de l'association générale. Fidèles à ces principes, les souverains les maintiendront également dans les réunions auxquelles ils assisteraient en personne, ou qui auraient lieu entre leurs ministres, soient qu'elles aient pour objet de discuter en commun leurs propres intérêts, soient qu'elles se rapportent à des questions dans lesquelles d'autres gouvernemens auraient formellement réclamé leur intervention ; le même esprit qui dirigera leurs conseils, et qui régnera dans leurs communications diplomatiques présidera aussi à ces réunions, et le repos du monde en sera constamment le motif et le but. C'est dans ces sentimens que les souverains ont consommé l'ouvrage auquel ils étaient appelés. Ils ne cesseront de travailler à l'affermir et à le perfectionner. Ils reconnaissent solennellement que leurs devoirs envers Dieu et envers les peuples qu'ils gouvernent, leur prescrivent de donner au monde autant qu'il est en eux l'exemple de la justice, de la concorde, de la modération. Heureux de pouvoir consacrer désormais tous leurs efforts à protéger les arts de la paix, à accroître la prospérité intérieure de leurs États, et à réveiller ces sentimens de religion et de morale dont le malheur des temps n'a que trop affaibli l'empire.

Aix-la-Chapelle, le 15 novembre 1818.

Je supplie l'Europe de relire en ce moment cette note où se trouvent signés les noms de MM. de Metternich, Nesselrode et du duc de Wellington, et de répondre ensuite si ces principes sont parfaitement en harmonie avec la conduite des cabinets à l'égard de la Pologne et de Cracovie!

Trois notes suivirent les conventions pécuniaires, et les conventions territoriales arrêtées au congrès d'Aix-la-Chapelle. Dans l'une, les ministres alliés disaient qu'après un mûr examen de l'état des opinions en France, ils ne croyaient plus l'occupation de son territoire nécessaire à la force de la couronne. Dans la seconde note, M. le duc de Richelieu exprimait les véritables sentimens de la France, sorte de garantie pour l'Europe inquiète de l'esprit de nos institutions et de la tendance funeste du jacobinisme. Dans la troisième enfin, l'Europe admettait la France comme puissance désormais active dans les traités, en se déclarant elle-même indissolublement unie pour la sécurité des questions européennes. On doit encore méditer ces documens pour rappeler aux cabinets signataires les principes de large politique qui y sont exposés et qui se rattachaient à la nature d'esprit de la diplomatie à cette époque. Je crois que M. de Gentz tenait toujours la plume.

Cette invocation au code général du droit des gens comme base désormais de toute transaction politique est utile à résumer : les puissances déclarent qu'elles ne veulent ni changement, ni modification, ni nouvel agrandissement. Ces maximes d'éternelle justice ne doivent-elles pas vivre à travers les temps et les circonstances et ne sont-elles pas aujourd'hui méconnues par elles? A Aix-la-Chapelle l'Europe aussi inquiète sur le mouvement révolutionnaire, ne prend encore aucune mesure active contre lui; mais elle suspend les concessions libérales. Elle ne veut plus aider les principes constitutionnels qui débordent mélangés avec les idées de société secrète et de carbonarisme; l'épée à la main, l'Europe étudie et menace la révolution, et cette attitude, depuis elle l'a constamment gardée! (*Annexe Q.*)

§ XVI.

LES RÉUNIONS DE CARLSBAD, DE TROPPAU, DE LAYBACH ET DE VÉRONE.

L'histoire doit suivre les faits, le développement des idées politiques pour se faire une juste idée des principes qui pominent encore la diplomatie. Le passé est inséparable du présent; ils s'interprètent l'un par l'autre.

Dès 1819, l'agitation qui tourmentait l'Allemagne préoccupait vivement les cabinets. Lord Castlereagh lui-même n'était pas éloigné d'entrer dans un grand système de répression à l'égard de cette licence qui se manifestait par des assassinats au nom de sociétés secrètes. On devait d'abord s'occuper de l'Allemagne, et M. de Metternich avait songé à un congrès, idée alors qui lui était chère; l'empereur de Russie pensant qu'il s'agissait surtout d'une répression partielle, la réduisit à une simple réunion de ministres. Il fallait savoir si toutes les puissances voudraient envoyer également des plénipotentiaires. On savait que la France s'y refuserait si la réunion avait un caractère officiel, et M. de Metternich se hâta d'écrire : « qu'il ne s'agissait que de simples conférences d'intimité, qui avaient l'Allemagne pour sujet exclusif. » Chacune des puissances envoya à Carlsbad des agens secrets, qui, sous divers prétextes, et avec des caractères différens, devaient suivre les résultats de la conférence. Les cours de l'Allemagne seules s'y firent officiellement représenter; le roi de Prusse y vint en personne et eut plusieurs conférences avec le prince de Metternich sur l'état d'agitation des cœurs et des esprits : les universités étaient en feu, et une répression immédiate paraissait impérative.

Des propositions furent adoptées afin de contenir l'esprit révolutionnaire, et en se séparant, les ministres réunis à Carlsbad lancèrent une déclaration qui annonçait la ferme volonté des souverains de réprimer l'émeute morale qui troublait les esprits. Carlsbad ouvre une ère nouvelle de réaction ferme et résolue de la part des cabinets allemands : ils se groupent et se resserrent autour de la Prusse et de l'Autriche. L'événement qui mit l'Allemagne en émoi, ce fut surtout l'assassinat du professeur Kotzebue le savant, à l'imagination si vive qui avait préparé les conférences de Carlsbad et les mesures énergiques prises contre les sociétés secrètes.

Le second événement politique à l'extérieur, la révolution d'Espagne, était de nature à appeler la sérieuse attention des cabinets. Aucune des grandes cours n'avait approuvé la conduite du roi Ferdinand VII en 1814; toutes auraient voulu que le roi d'Espagne eût agi avec une plus grande modération, et surtout avec une plus haute habileté. Mais, en blâmant les imprudences du cabinet espagnol, les cours d'Autriche et de Prusse, particuculièrement, ne pouvaient voir sans une extrême sollicitude le mouvement militaire qui avait obligé le roi Ferdinand à adopter la constitution des cortès. C'était un dangereux exemple pour les chefs des grandes armées allemandes. M. de Metternich fut frappé des conséquences que pouvait avoir cette révolution, à Naples, dans le Piémont et dans les États autrichiens de l'Italie. Son intelligente capacité n'en fut pourtant pas découragée. Il est dans les habitudes de M. de Metternich de ne s'étonner d'aucune crise, par la conviction où il est qu'avec de la tempérance et de l'habileté, tout événement, quel qu'il soit, peut facilement se tourner.

Cette tactique est surtout efficace quand il s'agit d'une révolution d'abord effervescente et terrible, puis se divisant, s'épurant au milieu de mille obstacles et d'immenses oppositions; c'est en s'appuyant sur tous les faits récens que M. de Metternich ouvrit des négociations avec les cabinets, sur la nécessité de la réunion prochaine d'un congrès. La France, qui jusqu'à la mort de M. le duc de Berry, s'était assez directement opposée à ces grandes réunions de souverains prévues par le traité d'Aix-la-Chapelle, lesquelles ne laissaient pas toujours toute liberté aux gouvernemens, paraissait un peu revenir de cette opposition. Il ne s'agissait plus que d'entraîner l'empereur Alexandre; M. de Metternich lui écrivit directement : il exposa la situation de l'Europe avec cette clarté d'expression et cette hauteur de vue qui caractérisent le chancelier d'Autriche. L'ambassadeur auprès du czar fut chargé de presser, autant qu'il serait possible, la résolution de l'empereur Alexandre qui paraissait indécis sur la mesure à prendre; le libéralisme le dominait encore à ce point, que sur les mémoires des réfugiés à Bruxelles, il s'était épris de l'idée qu'on pourrait substituer un prince d'Orange à la maison de Bourbon en France.

En Espagne c'était l'esprit de sédition militaire qui provoquait l'Europe, et cet exemple fut imité à Naples et dans le Piémont, puis même à Lisbonne. Cette époque de 1820 eut quelque chose de violent, de fanatique, plus peut-être que ne l'a été la révolution de 1830; qu'on s'imagine en effet, en une seule année et comme enflammées par une traînée de poudre, des révoltes militaires sans frein; les soldats chargés de l'ordre et de la répression tournant la baïonnette contre les rois. Les Strelitz et les janissaires partout : c'était sauvage comme un retour au Bas-Empire. M. de Metternich apprit à son retour d'un voyage en Hongrie, la révolution de Naples; sa résolution fut à l'instant prise; le conseil aulique se réunit en présence de l'empereur, et il fut décidé que l'armée autrichienne de Lombardie et du Tyrol serait mise sur le pied de guerre : « Il faut éviter que cela s'étende, dit M. de Metternich ; c'est une affaire de carbonarisme, il y a long-temps que j'aurais dû la prévenir. » M. de Gentz reçut l'ordre de rédiger plusieurs notes ; l'une adressée à la Confédération germanique cherchait à la raffermir et à la rassurer.

Sa Majesté Impériale et Royale Altesse, prenant en considération les mouvemens séditieux survenus dans les Deux-Siciles par suite des intrigues des *carbonari* et autres associations secrètes, a l'intention d'employer tous ses efforts pour empêcher qu'il soit porté la moindre atteinte aux droits légitimes des princes italiens. Si, malgré sa répugnance, la cour d'Autriche était obligée d'avoir recours à la force contre la rébellion armée, Sa Majesté Impériale est trop persuadée que les dispositions des princes de la Confédération germanique sont en harmonie avec les siennes, pour ne pas être assurée que la plus parfaite tranquillité régnera dans l'intérieur de l'Allemagne.

La note se terminait ainsi :

Une grande gloire est réservée à l'Allemagne, si dans la

prudence et le caractère ferme de ses princes, dans le maintien inébranlable de ses constitutions existantes, dans la loyauté de ses peuples et dans la puissante garantie de sa Confédération, elle trouve les moyens et les forces dont elle a besoin pour conserver, parmi les orages de ce siècle agité, sa paix intérieure, ses institutions légales, son indépendance, sa dignité et son antique caractère. Sa Majesté est convaincue qu'aucun de ses nobles alliés allemands ne sera insensible à une telle gloire, et elle se trouvera elle-même heureuse d'y participer en ne craignant pas de faire trop d'efforts et de supporter trop de sacrifices pour atteindre un but si grand et si sublime.

Ce n'était pas encore un appel aux armes, mais l'Autriche exprimait suffisamment son opinion sur l'esprit des événemens qui éclataient dans les Deux-Siciles; elle préparait sur la plus large base la doctrine de l'intervention.

La seconde note fut adressée aux princes des petites souverainetés en Italie; M. de Gentz l'avait rédigée dans le même esprit et à-peu-près dans les mêmes termes; la cour d'Autriche assurait à chacune de ces souverainetés leur situation, leur gouvernement et leur territoire; et tout en faisant entrevoir la possibilité d'une intervention armée dans le royaume de Naples, la note promettait que la liberté de ces Etats intermédiaires serait entièrement conservée. M. de Metternich se proposait ici plusieurs résultats ; par ces fréquentes communications de notes, de protocoles, par cette intervention protectrice et d'amitié ; il fortifiait le pouvoir et l'influence de l'Autriche sur l'Italie et l'Allemagne, dernier terme des vœux du cabinet de Vienne. Sur la question de Naples, le ministre autrichien invoquait, pour autoriser son intervention, un article secret des conventions de 1815 ; par cet article, l'Autriche assurait à Naples sa royauté et sa constitution telles qu'elles étaient alors établies ; M. de Metternich concluait de cet article un droit d'intervention pour renverser les événemens accomplis par une révolte violente et sans justice.

Ainsi la première conséquence de ce mouvement sauvage de l'esprit révolutionnaire fut d'amener l'intervention des Autrichiens à Naples, et de leur donner une plus grande prépondérance en Italie. Au congrès de Troppau, M. de Metternich domina entièrement l'empereur Alexandre, en réveillant chez lui la juste crainte de l'esprit de rébellion parmi les troupes, ce qui compromet toutes les souverainetés. Dans une conversation intime avec le prince de Metternich, Alexandre se résuma par ces paroles : « que faut-il faire ? Que la Prusse et l'Autriche se lient entre elles par un renouvellement de la Sainte-Alliance, répondit M. de Metternich et pour l'application de ces principes, et je réponds de l'avenir. » En disant ces mots, M. de Metternich prit la plume et rédigea sur place la minute d'un protocole entre les trois puissances, par lequel elles adoptaient dans ce qu'il avait de plus large et de plus complet le principe d'intervention pour conserver en leur pleine intégralité les Etats, soit pour la forme de leur gouvernement, soit pour leur territoire, tels qu'ils étaient constitués lors des traités de 1815 ; elles invitaient la France et l'Angleterre à adhérer à ce principe. M. de Metternich fit suivre cette minute de protocole d'une déclaration qui devait expliquer le but définitif de l'alliance et ses moyens d'exécution. Cette déclaration disait :

Instruites des bruits faux et extravagans que des malintentionnés ont répandus sur le but et les résultats des conférences de Troppau, et que des hommes crédules ont propagés, les cours alliées croient nécessaire de faire parvenir à leurs légations, près les cours étrangères des éclaircissemens authentiques pour les mettre en état de réfuter les erreurs et les opinions fausses qui ont fait naître ces bruits. Le court aperçu ci-joint leur en fournit les moyens. Il n'est pas destiné à faire l'objet d'une communication dans les formes, mais ils peuvent en donner connaissance par les voies confidentielles. Elles concerteront les démarches à faire à cet égard avec les ministres des deux autres puissances alliées.

Troppau, le 8 décembre 1820.

Court aperçu des premiers résultats des conférences de Troppau.

Les événemens qui ont eu lieu le 8 mars en Espagne, le 2 juillet à Naples, la catastrophe du Portugal, ont dû nécessairement faire naître un sentiment profond d'inquiétude et de chagrin chez ceux qui sont chargés de veiller à la tranquillité des États, mais en même temps leur faire sentir le besoin de se réunir pour délibérer en commun sur les moyens de prévenir tous les maux qui menaçaient de fondre sur l'Europe.

Il était naturel que ces sentimens fissent une vive impression sur les puissances qui avaient récemment étouffé la révolution, et qui la voyaient de nouveau relever la tête. Il n'était pas moins naturel que ces puissances, pour la combattre une troisième fois, eussent recours aux mêmes moyens dont elles avaient fait usage avec tant de succès dans cette lutte mémorable qui a délivré l'Europe d'un joug qu'elle a porté vingt ans.

Tout faisait espérer que cette alliance formée dans les circonstances les plus critiques, couronnée du plus brillant succès, et affermie par les conventions de 1814, 1815 et 1818, de même qu'elle avait préparé, fondé et affermi la paix du monde, et qu'elle avait délivré le continent européen de la tyrannie militaire du représentant de la révolution, serait aussi capable de mettre un frein à une domination nouvelle non moins tyrannique, non moins affreuse, celle de la révolte et du crime.

Tels ont été les motifs et le but de la réunion de Troppau. Les premiers sont si évidens, qu'ils n'ont pas besoin de développemens; le dernier est si honorable et si salutaire, que les vœux de tous les gens de bien accompagneront sans doute les cours alliées dans la noble lice où elles vont entrer.

L'entreprise que leur imposent les plus saints engagemens est grande et difficile; mais un heureux pressentiment leur fait espérer qu'en maintenant invariablement l'esprit de ces traités, auxquels l'Europe doit la paix et l'union entre tous les États, elles parviendront à leur but.

Les puissances ont exercé un droit incontestable en s'occupant de prendre en commun des mesures de sûreté contre des États dans lesquels le renversement du gouvernement opéré par la révolte ne dût-il être considéré que comme un exemple dangereux, devait avoir pour suite une attitude hostile contre toutes les constitutions et les gouvernemens légitimes. L'exercice de ce droit devenait d'une nécessité plus urgente encore, quand ceux qui s'étaient mis dans cette situation cherchaient à étendre sur leurs voisins le malheur qu'ils s'étaient attiré eux-mêmes, et à propager autour d eux la révolte et la confusion.

Une telle position, une pareille conduite est une infraction évidente du pacte qui garantit à tous les gouvernemens européens, outre l'inviolabilité de leur territoire, la jouissance des rapports paisibles qui excluent tout empiétement réciproque sur leurs droits.

Ce fait incontestable est le point d'où sont parties les cours alliées. Les ministres qui pouvaient être pourvus à Troppau même d'instructions positives de la part de leurs monarques, se concertèrent en conséquence sur les règles de conduite à suivre relativement aux États dont le gouvernement avait été renversé par la violence, et sur les mesures pacifiques ou coërcitives qui pourraient ramener ces États dans le sein de l'alliance européenne, dans le cas où l'on pouvait attendre une influence importante et salutaire ; ils communiquèrent les résultats de leurs délibérations aux cours de Paris et de Londres, afin que celles-ci pussent les prendre en considération.....

Ce système suivi de concert par la Prusse, l'Autriche et la Russie, n'a rien de nouveau. Il est basé sur les mêmes maximes qui ont servi de fondement aux conventions qui ont cimenté l'alliance des États européens. L'union intime entre les cours qui se trouvent au centre de cette confédération, ne peut que gagner par là en force et en durée. L'alliance s'affermira par les mêmes voies qu'ont suivies, pour les former les puissances auxquelles elle doit son origine, et qui l'ont fait adopté peu-à-peu par toutes les autres, qui se sont convaincues de ses avantages plus que jamais incontestables.

Du reste, il n'est pas nécessaire de prouver qu'aucune idée de conquête, ni aucune prétention de porter atteinte à l'indépendance des autres gouvernemens dans leur administration intérieure, ni enfin le projet d'empêcher des améliorations sages, faites librement et compatibles avec le véritable intérêt des peuples, n'ont aucune part à la résolution des puissances. Elles ne désirent que de conserver et maintenir la paix, de délivrer l'Europe du fléau des révolutions et de détourner ou d'abréger les maux qui naissent de la violation de tous les principes de l'ordre et de la morale.

De cette note résultent plusieurs conséquences : nulle conquête ni changement dans l'ordre territorial, respect des traités et de la liberté légitime, et ce principe était aussi sacré pour les gouvernemens que pour les peuples.

L'empereur Alexandre approuva cette rédaction et se chargea d'y faire adhérer la Prusse toute dans son intérêt ; la déclaration et le protocole furent signés comme l'œuvre commune des trois cours qui entraient dans une union plus étroite à laquelle la France et l'Angleterre étaient seulement invitées à prendre part.

Il est bien essentiel de suivre pas à pas, toutes ces

déclarations de principes qui constatent l'union intime et permanente de trois grandes puissances dans le même intérêt; toujours on les voit s'entendre, se concorder pour la répression de ce qu'elles appellent l'esprit révolutionnaire, et, comme conséquence, elles réalisent dans le présent et l'avenir les maximes de l'intervention armée.

Voici même ce qui est étrange : à Troppau, M. de Caraman et lord Stewart n'eurent connaissance du protocole et de la déclaration qu'après que toutes les dispositions eurent été arrêtées et en quelque sorte par simple communication. L'empereur Alexandre était entré complétement dans un cercle d'idées politiques en opposition avec la France et l'Angleterre surtout. Dans la conférence du soir, lord Stewart s'emporta ; il déclara à M. de Metternich qu'on avait trompé l'Angleterre, et lui dit en face qu'il avait agi avec mauvaise foi ; la chose alla si loin qu'il dut y avoir une explication, un défi. Lord Stewart protesta dans une note violente; mais la négociation était allée mieux que ne l'avait désiré M. de Metternich (*Annexe R.*); l'empereur Alexandre s'était prononcé pour le principe de l'intervention.

Ces mêmes principes triomphent à Laybach. La réunion de Laybach a plusieurs parties et embrasse un grand nombre d'événemens; on peut les résumer dans les cinq points suivans:

1° L'examen de la question générale du droit d'intervention, de ses limites et de ses bases;

2° L'application de ce droit à la révolution de Naples;

3° La tentative d'une confédération italique;

4° La révolution du Piémont;

5° Enfin l'insurrection grecque qui éclata pendant le séjour des monarques à Laybach.

Les empereurs d'Autriche et de Russie y étaient en personne; le roi de Prusse qui n'avait pu s'y rendre s'y était fait représenter par M. de Hardenberg. Indépendamment de l'empereur Alexandre qui faisait beaucoup par lui-même, la Russie comptait M. Capo-d'Istrias, alors en première ligne dans la confiance du czar dont il partageait presque toutes les idées d'avenir sur la Grèce, et de plus M. Pozzo di Borgo, qui venait à tous les congrès pour rendre compte à l'empereur de la véritable situation de la France et enfin comme secrétaire d'État de M. Nesselrode.

M. de Metternich y représentait l'Autriche, et avec lui le baron de Vincent, accrédité près la cour de France. La Prusse qui n'avait pas un grand intérêt dans la solution immédiate des questions actuellement soulevées, y avait envoyé néanmoins M. de Hardenberg, ainsi que M. Bernstorff, ministre des relations extérieures, et M. de Krusemarck, ministre près la cour de Vienne. Trois plénipotentiaires y représentaient la France : M. de Caraman, porteur de pouvoirs, M. de Blacas, ambassadeur à Rome, et M. de La Ferronnays qui suivait l'empereur Alexandre dont il avait conquis l'amitié et la confiance. L'Angleterre ne voulut point d'abord envoyer d'ambassadeur au congrès, car elle gardait rancune du protocole de Troppau; elle n'y avait accrédité qu'un simple envoyé, M. Gordon, ministre près la cour de Vienne; puis, par des motifs d'étiquette, lord Clanwilliam. Lorsque l'affaire devint plus sérieuse, et qu'il s'agit de l'occupation armée de Naples, le vicomte Castlereagh manda à lord Stewart l'ordre exprès de se rendre à Laybach. Les conférences s'ouvrirent d'abord entre MM. de Metternich, Capo-d'Istrias, de Hardenberg; le principe de l'intervention à Naples fut admis entre eux sans difficulté. Lord Stewart s'était fait précéder d'une circulaire de lord Castlereagh (*Annexe S.*), espèce de protestation contre le principe d'intervention qu'aucun cabinet en face du parlement ne pouvait reconnaître.

La France prit un système à part, mixte, entre la protestation de l'Angleterre et la résolution des alliés à Laybach (*Annexe T.*). M. de Metternich insistait plus que jamais sur le principe de l'intervention complétement admis, et la France alors s'y opposa quant au Piémont. Le Piémont était une de ses frontières, et sa neutralité une des garanties du traité de 1814 et de 1815. Ce fut au milieu de ces débats qu'un courrier de l'ambassade autrichienne apporta la nouvelle de la révolution de Turin. M. de Metternich se rendit immédiatement chez Alexandre. « Eh bien! sire, dit-il en entrant, voici une autre révolution. — Eh où donc? dit le czar avec une inquiétude visible. — Dans le Piémont... Encore du carbonarisme! — M. de Saint-Marsan en est-il instruit? — Je viens de lui envoyer les lettres de son gouvernement. — Il faut réprimer, il faut réprimer. — D'autant plus, répliqua M. de Metternich, qu'il suffit de souffler sur ces révolutions pour qu'elles disparaissent. — Je vais donner des ordres pour hâter la marche de mon armée sur la Gallicie, reprit Alexandre tout agité. — L'empereur, mon maître, répliqua M. de Metternich, a compté sur l'assentiment de Votre Majesté et un ordre a été donné au corps autrichien de la Lombardie pour occuper le Piémont. — Rien ne peut s'y opposer, dit Alexandre en secouant la tête, il faut étouffer partout la révolution ; j'y suis fermement décidé. Je vais expédier un courrier pour que mes troupes avancent à marche forcée. »

J'ai besoin d'insister sur tous ces détails pour bien faire connaître l'esprit des cabinets qui n'a point changé à l'égard des révolutions produites par l'esprit d'émeute et de troubles ; c'est entre eux un traité de mutuelle garantie ; ils poursuivent leur ennemie à outrance, et tel est encore le but du congrès de Vérone. C'est en vain que la France et l'Angleterre se sont tenues à l'écart ; la France même un moment emportée à Vérone par l'esprit royaliste de son cabinet, sollicite le principe de l'intervention dans ce qu'il a de plus large, le renversement des cortès dans la péninsule espagnole. Je ne pense pas, comme l'a écrit M. de Châteaubriand, que la France royaliste voulut seule l'intervention en Espagne; je crois que l'Autriche et la Russie la désiraient vivement. La Prusse put demeurer indifférente; l'Angleterre de M. Canning se montrer hostile, mais l'esprit de l'Europe était alors très décidé pour le principe d'intervention. Quand l'Autriche faisait marcher ses troupes sur Naples et sur Turin pour comprimer les troubles d'Italie, il était simple que la France fît marcher les siennes sur Madrid pour briser le gouvernement des cortès. M. de Villèle seul exagéra l'idée en déclarant : « que si on ne portait pas la guerre aux Pyrénées, on la ferait sur le Rhin. » M. de Châteaubriand ne connut pas tout à Vérone s'il a pu croire que l'Europe ne voulait pas l'intervention de la France; sans cela que signifieraient les notes menaçantes des trois puissances aux cortès et le rappel de leurs ambassadeurs? Ces notes étaient l'expression la plus pure des maximes répressives, et le résumé du code de la Sainte-Alliance.

Le congrès de Vérone, dont la conséquence immédiate fut la marche d'une armée française en Espagne, me paraît la dernière et la plus absolue expression de ce principe : « que lorsqu'il y a révolution sur un point, l'Europe entière peut intervenir pour la réprimer. »

Depuis 1824, la sécurité monarchique étant tout-à-fait rétablie, d'autres intérêts surgirent assez forts pour diviser les cabinets : la révolution naguère si menaçante avait été vaincue avec une facilité si étrange à Madrid qu'on en revint tout rempli de force. M. de Metternich se rassura ; on était en veine de restauration. Une fois l'émeute militaire réduite à l'impuissance, chaque cabinet dut songer à ses intérêts : on fit de la politique à part.

La Russie se laissa aller tout-à-fait à ses penchans, à ses idées relativement à l'émancipation de la Grèce, en opposition avec le prince de Metternich qui protégeait la Porte et voyait bien que les envahissemens russes vers Constantinople allaient complétement briser l'équilibre européen.

L'Angleterre, sous M. Canning, se rapprocha de la France afin d'obtenir son appui pour l'émancipation des colonies espagnoles. Cette même Angleterre, ne pouvant éviter les envahissemens de la Russie vers le Balkan, se lie avec le cabinet de Saint-Pétersbourg et la France, dans le traité du 27 juillet 1827 que sanctionna l'émancipation de la

Grèce. L'Autriche est inquiète, mécontente, et M. de Metternich lutte seul contre une situation désespérée ; désormais en froid avec la Russie, en froid avec la Prusse, il veut attirer à lui la France et l'Angleterre pour peser d'un grand poids dans la question d'Orient, et c'est l'objet des négociations de l'année 1829. L'Angleterre et la France sont elles-mêmes très séparées depuis l'expédition d'Alger. A ce moment éclate la révolution de juillet, qui trouve les cabinets fort divisés sur des questions de politique générale comme le débarquement de Bonaparte au golfe Juan, les trouva partagés au congrès de Vienne en 1815.

§ XVII.

LA RÉVOLUTION DE JUILLET.

Il serait difficile de séparer la révolution de juillet 1830, des premières tentatives faites par les sociétés secrètes et le carbonarisme, en 1820 ; les partis qui ont l'instinct des similitudes, honorent dans les fêtes funèbres les victimes de cette époque et les efforts de la propagande s'essaient d'abord à réveiller les souvenirs du carbonarisme dans le Piémont, à Naples, en Allemagne.

Comment se fait-il que les mêmes cabinets qui avaient combattu les principes révolutionnaires à Aix-la-Chapelle, à Troppau, à Laybach, à Vérone, acceptèrent la grande émotion de Paris presque sans difficulté?

Ceci tient à plusieurs causes : d'abord à la fatale attitude prise par la branche aînée des Bourbons, si pleine de faiblesse, dépourvue de toute énergie à ce moment d'une crise qu'elle ne devait préparer qu'avec la certitude d'un triomphe; puis à l'assurance fermement donnée par la nouvelle couronne que la révolution de juillet n'était qu'un accident dans la politique générale, et que le pouvoir nouveau avait assez de prudence et de modération pour n'accepter de cette révolution que le noble mandat de la comprimer et de la maintenir dans des proportions d'ordre et de paix.

Enfin, et ce qui était plus considérable aux yeux de l'Europe inquiète, c'est qu'en aucun cas les traités existans ne seraient violés; la couronne nouvelle acceptait toutes les conditions fixées par le congrès de Vienne et les traités de Paris du

30 mai 1814 et du 20 novembre 1815. Je crois que sauf les brouillons et les plus ardens, cette condition du respect des traités fut acceptée par tout le monde, les uns en vertu de la foi jurée, les autres par crainte de la guerre.

Telles furent les bases de la reconnaissance de la nouvelle dynastie (1), fait immense qui s'opéra sans angoisse de guerre civile ou de guerre étrangère. C'était sans exemple qu'un tel changement pût s'accomplir avec si peu d'agitations politiques. Mais ces promesses d'immutabilité dans les transactions européennes pourraient-elles être tenues dans leur stricte sincérité? Tout changement dans l'ordre politique d'un Etat est suivi d'une commotion violente; c'est inévitable, et le pouvoir n'est pas toujours maître de ses volontés.

Je crois que M. de Talleyrand était de bonne foi lorsqu'il donna sa parole en août 1830, que l'ordre européen serait respecté d'une façon absolue sans rien déranger. Mais pouvait-on commander aux passions mauvaises qui de tous côtés surgissaient? Etait-il possible de comprimer tout-à-coup la

(1) Voir les preuves dans mon travail sur *l'Europe depuis l'avénement du roi Louis-Philippe*, t. II.

propagande dans ses entreprises aventureuses sous le drapeau tricolore?

Les forces qui combattirent et triomphèrent en juillet se composaient de plusieurs élémens : les patriotes de 91, parti eunuque et niais, constituans de toute espèce, avocats faiseurs de chartes, grands déclamateurs de principes : ce parti pérorerait beaucoup, mais au demeurant comme il était poltron, et que la guerre lui faisait peur, il se contenterait de semer ses idées désordonnées à l'intérieur dans les actes et les lois. C'était déjà beaucoup.

Le second parti, la vieille queue des jacobins, jeunes imitateurs sanglans ou puérils des sociétés démocratiques, remueraient à plaisir les mauvaises passions de la société pour les jeter sur le monde entier. Là étaient les propagandistes, les sauveurs du genre humain, les jeunes hommes qui en beau langage, appelaient les rois des tyrans et les peuples des souverains. Ceux-ci parlaient de la guerre avec enthousiasme; ils voulaient promener le drapeau tricolore sur tout le globe, et dans cette conflagration générale quelques-uns espéraient le triomphe du communisme, leur dernier but.

Enfin, venait un troisième parti : les bonapartistes; les uns écloppés, les autres mécontens, qui rêvaient les grands jours de la conquête et de l'Empire. Pour eux les traités de 1815 étaient déshonorans ; il fallait tout exposer pour reprendre l'attitude impériale en Europe. Ils n'oubliaient qu'une chose : c'est que les folies seules du parti bonapartiste et nulle autre cause avaient amené les alliés à Paris. Oui, les traités de 1815, étaient malheureusement le résultat des Cent-Jours; l'esprit bonapartiste abâtardi devait nous humilier à ce point, nous autres nation de Louis XIV, de voir les chevaux des cosaques bivouaquer sur les places publiques de Paris. Les véritables auteurs des maux de l'invasion c'étaient ces hommes sans foi, qui après avoir juré fidélité à Louis XVIII, allaient rejoindre les drapeaux de Bonaparte. Tristes défections qui jetèrent une fatale empreinte sur le caractère français et amenèrent la grande crise de 1815.

Patriotes de 91, jacobins imitateurs, bonapartistes soulevés, tous ces hommes exaspérés respecteraient-ils les actes du congrès de Vienne et les traités de Paris? Je crois que ces partis abandonnés à eux-mêmes, à leur instinct brouillon, auraient brisé ces traités par un coup de tête; mais les sages parmi eux voyaient bien que c'était la guerre, et devait-on la vouloir et avait-on des chances de succès? Telle était la question qui se présentait avec netteté en 1830.

Si le gouvernement respecta les traités avec sagesse et bienséance, il se forma une opinion très hostile aux conventions de 1815; on eut une école *des frontières naturelles* qui se manifesta dans les journaux, les écrits politiques et la poésie même. On demanda bruyamment le Rhin, comme si, pour un État, le meilleur moyen d'agrandir ses frontières n'était pas de maintenir sa force et sa dignité par le respect de l'ordre, d'entrer par les voies légales et légitimes dans les transactions européennes, de manière à ce que, lorsqu'il arrive une modification à l'ordre territorial, on songe à vous faire une part dans les lots d'une nouvelle classification. Tant qu'il existera un principe monarchique en Europe, tout gouvernement turbulent d'attitude et de paroles sera mis à l'écart; il n'aura ni alliances, ni affections, ni partage comme une sorte d'excommunié dans l'âge politique.

Que résulta-t-il d'ailleurs de ces menaces déclamatoires de la poésie, des pamphlets et des journaux contre l'Europe ? une réaction naturelle des gouvernemens : les trois cabinets, la Russie, la Prusse et l'Autriche, un moment séparées sous la Restauration par des intérêts particuliers, se réunirent dans de nouveaux traités de mutuelle garantie, et ces traités nous les voyons reparaître de temps à autre dans leur application. Rien n'est changé ; nous n'avons pas détaché un seul fil de la triple alliance ; le traité de Chaumont a été renouvelé ; il est appliqué dans chaque question sérieuse. Il est évident que les idées de la révolution française étant opposées à celles des cabinets préparent le jour d'une grande lutte que jusqu'ici une prévoyante sagesse a conjurée avec tant de peine et de sueurs.

§ XVIII.

PREMIÈRE MODIFICATION AU CONGRÈS DE VIENNE. LA BELGIQUE.

Une des grandes combinaisons établies par les actes du congrès de Vienne, je le répète, c'était la formation du royaume des Pays-Bas. Au point de vue commercial et politique, cette combinaison était bonne, et le congrès de Vienne y avait mis le plus grand soin. C'était l'œuvre des tories anglais aussi bien que de la Russie et de la Prusse. La France y avait adhéré par les traités de 1814 et de 1815 ; nous l'avions reconnu dans son indépendance et sa forme constitutionnelle.

La propagande de 1830 n'avait pas ainsi vu la question, car elle avait posé ce principe : que toute émeute triomphante devait devenir souveraine, et les traités de 1815 étaient de petites misères dont il fallait faire bon marché devant la majesté du peuple. Tout-à-coup une révolution éclate à Bruxelles. Cette révolution, plus turbulente que forte, triomphe un moment; les séditieux maîtres du pouvoir organisent une sorte de gouvernement provisoire contre la maison régnante.

Si les actes du congrès de Vienne eussent été pleinement respectés, que devait-il arriver à la suite de cette turbulence? Le roi des Pays-Bas en invoquant les vieux traités qui unissaient la maison d'Orange à l'Angleterre et au cabinet de Berlin, appelait les alliés à son aide; il pouvait comprimer cette révolution et en finir en quelques journées. Le roi Guillaume avait cru à ce concours ; c'est ainsi qu'on avait agi en Piémont, à Naples, en Espagne, en 1821 et 1823, en vertu des congrès de Troppau, Laybach, Vérone; la révolution n'avait duré que quelques soleils : l'ancien pouvoir avait été complétement rétabli.

La France (et dans la position spéciale qu'avait créée la révolution de juillet, elle ne pouvait pas faire autrement) s'opposa à cette exécution absolue des traités de Vienne; avec un esprit de grande fermeté que je ne saurais blâmer dans M. le comte Molé, quand il s'agit d'une question de prépondérance et de frontières, le cabinet de Paris déclara que l'intervention des Prussiens amènerait les Français en Belgique ; système très national, mais violation formelle des stipulations du traité de Vienne que le vieux roi Guillaume invoquait avec loyauté contre la révolution de Bruxelles.

Toutes les démarches, tous les actes sont la conséquence de cette première infraction ; le congrès de Vienne avait fait un royaume des Pays-Bas, on le sépare, on le morcelle ; il n'y avait plus de Belgique, et l'on en fait une désormais distincte, avec un pouvoir à part; on s'éloigne tant qu'on peut des dispositions arrêtées par les puissances en 1815, et les violations par la force sont toujours un tort, parce qu'en définitive elles tournent toujours contre vous.

Toutefois, ici il faut le remarquer, car la question est capitale et peut servir d'exemple, ce changement ne se fait pas dans un traité spécial entre la France et la Belgique, mais à la suite d'une conférence mutuelle. Il s'agit d'une modification à apporter aux stipulations de Vienne, et les puissances intéressées y prennent part. Tout se discute dans les protocoles, tout se règle en commun; j'ajoute avec cette différence néanmoins que dans les conférences de Londres, la France, la Prusse, la Russie et l'Angleterre, n'interviennent pas en tant que signataires des actes du congrès de Vienne, mais en tant que puissances intéressées au sort de la Belgique.

Car autrement il aurait fallu que toutes les puissances signataires dans le comité des huit, c'est-à-dire la Suède, l'Espagne et le Portugal, intervinssent également; peu importe qu'elles fussent puissances du second ordre, parce qu'on ne peut pas défaire à cinq ce qu'on a fait à huit, alors même qu'il n'y a pas parfaite égalité de force.

Un changement capital s'opère donc; on n'agit plus en vertu de son titre de signataire au congrès de Vienne, mais en vertu de son caractère de *puissance intéressée*. Ainsi M. le comte Molé avait dit au cabinet de Berlin et à celui de La Haye : « J'entre en Belgique si vous intervenez, parce que j'ai un intérêt immédiat à ce que la Belgique soit organisée sur certaines bases. » La Prusse, la Russie, l'Autriche et l'Angleterre interviennent parce qu'elles sont directement intéressées à l'organisation de la Belgique. La doctrine des intérêts se substitue ici à la doctrine des signataires du congrès. Ceci est grave. En effet qui la première a violé les stipulations de Vienne ? C'est la propagande en insurgeant le peuple du royaume hollando-belge ; une fois le fait accompli il a fallu le régulariser. De là les conférences de Londres et les protocoles entre les puissances qui ont organisé la Belgique sur de nouvelles bases. Le désordre pas plus que la violence ne peuvent produire de résultats que lorsqu'ils sont acceptés et régularisés dans les formes. Or la violence peut venir du pouvoir régulier comme des passions révolutionnaires, témoin ce qui vient de se passer à Cracovie. On ne peut donc légitimer un fait de possession violente qu'en le régularisant par des protocoles.

§ XIX.

INTERPRÉTATION DONNÉE PAR LA RUSSIE AUX ACTES DU CONGRÈS DE VIENNE SUR LA POLOGNE APRÈS L'INSURRECTION.

Ce qui a fait le plus de mal aux nationalités indépendantes, c'est la propagande révolutionnaire; elle a tout brisé, parce que en semant de folles espérances, des projets sans réalisation possible, elle a créé le droit souverain de la force victorieuse; et c'est ce qui est arrivé pour le grand duché de Varsovie.

Depuis 1814 les empereurs de Russie protégeaient la Pologne aux dépens de leur popularité contre l'esprit moscovite qui voulait l'effacer de la carte. Alexandre fut même menacé dans sa personne pour avoir réalisé une nationalité polonaise, qu'il avait lui-même imposée dans les actes du congrès de Vienne. Le texte de l'article 1er du congrès de Vienne déclare le duché de Varsovie réuni à l'empire russe et lié irrévocablement par sa constitution. Le second paragraphe relatif à une représentation et aux institutions nationales, est commun aux sujets polonais de la Russie, de la Prusse et de l'Autriche. Il est dit : que ces institutions seront réglées d'après le mode d'existence politique que chacun des gouvernemens jugera convenable et utile de leur accorder. Ainsi pour le grand duché de Varsovie et les provinces du partage, tout reste un peu libre et arbitraire dans les mains des souverains. C'eût été une chicane mal fondée que de discuter une faculté entièrement réservée aux trois puissances et sur laquelle toutes trois se sont entendues. Je pense qu'à ce point de vue toute protestation sérieuse n'aurait eu aucun objet; les actes de Vienne quant au duché de Varsovie n'avaient rien d'impérativement obligatoire.

Les insensés qui criaient à tue-tête *vive la Pologne!* ne voyaient pas qu'ils précipitaient encore les fatales destinées de cette nationalité. La Chambre elle-même dans ses votes irréfléchis et répétés, dans ses lamentations annuelles sur la nationalité polonaise, ne faisait que gêner les négociations en supposant qu'elles eussent été possibles. Je ne sais, mais tout le monde éprouve une sorte de contrariété à voir qu'un étranger veut se mêler de vos propres affaires, et je suis certain que chaque fois qu'un vote de la Chambre venait avec tous ses bruissemens frapper à la face l'empereur et les vieux Russes, ceux-ci redoublaient leurs efforts pour effacer de plus en plus la nationalité polonaise.

Il faut bien distinguer les articles du congrès sur le grand duché de Varsovie, d'avec les stipulations sur l'indépendance de Cracovie qui sont explicites, entières, formelles, et dont j'aurai plus tard à m'occuper. Je crois que d'après le texte du congrès, la Russie après l'insurrection du mois de de novembre 1830 a été parfaitement libre d'organiser les Polonais du grand duché, comme elle l'a voulu; elle l'a fait peut-être arbitrairement, sans humanité, sans grandeur, mais l'insurrection était un fait de guerre et de violence, suivi d'une répression par la victoire; elle seule a prononcé. La France n'a pu intervenir, ni par le droit ni par la force militaire. L'insurrection avait tué la Pologne et une protestation sur ce point eût été inutile.

Je ne sache pas de question historique sur laquelle on ait plus déraisonné que sur la Pologne. On a dit et répété à satiété que c'est la lâcheté du gouvernement de Louis XV qui a perdu la Pologne; ce qui a perdu ce malheureux pays ce sont ses débats intestins, ses diètes déclamatoires, les complots de ses grands, de ses rois, amans des czarines. Le gouvernement de Louis XV agit au contraire avec une haute habileté et un sentiment très national. Ce qui valait mieux qu'un vain secours jeté à la Pologne, car la France se faisait confirmer la réversibilité de la Lorraine, après la mort de Stanislas nous gagnions une province, et je ne sais pas si nous perdions au change. Le grand partage de la Pologne se fit sous la convention nationale en plein 1793, après la prise de Varsovie par Suwarow. La république fut plus faible, plus abaissée que Louis XV!

L'Angleterre, qui dans le parlement et dans quelques journaux faisait mine de vouloir défendre la nationalité polonaise, en disait à peine un mot à Saint-Pétersbourg, et la mission de lord Durham eut pour objet les affaires commerciales et la question d'Orient, rien au-delà ; l'Angleterre est trop sérieuse pour faire des questions inutiles un objet capital.

L'Autriche et la Prusse, loin de se montrer mécontentes de ce que la nationalité polonaise disparaissait, en étaient pleinement satisfaites, parce que cette idée les gênait toujours. Il fallait en effacer les derniers vestiges, et en 1815, l'Autriche et la Prusse s'étaient opposées à la constitution d'un royaume de Pologne. Elles avaient peur que la nationalité polonaise ne devînt une affaire russe, une agglomération nouvelle et menaçante.

Ici on doit remarquer que si les arrangemens de la Belgique se firent à cinq au lieu de huit, toutes les transactions qui touchent à la Pologne se firent à trois ; les traités secrets ou publics ne sortirent pas du cercle de la Russie, de l'Autriche et de la Prusse. Le principe des intérêts domine encore et c'est dans ce sens qu'est interprété le congrès de Vienne. Si l'on renouvelle le traité de mutuelle garantie militaire ou de police, c'est toujours à trois ; on se communique des notes, des protocoles, des articles pour les douanes et les extraditions toujours à trois ; nulle autre puissance n'y prend part. C'est encore une modification aux actes de 1815 ; mais une modification qui s'explique par la théorie des intérêts. Il ne s'agit plus des signataires du congrès de Vienne, mais des puissances co-partageantes.

§ XX.

ADDITIONS, EXPLICATIONS DU CONGRÈS DE VIENNE. LA SUISSE DEPUIS 1830. LA QUESTION D'ORIENT. LA TRAITE DES NOIRS.

Le congrès de Vienne avait également réglé les bases de la Confédération suisse, l'organisation des cantons, la force respective de chaque État. Bien des bouleversemens sont arrivés depuis ; ce que le congrès de Vienne avait réglé est altéré sur plusieurs points, et si, pressée par les événemens de la Suisse, l'Europe intervient tôt ou tard, je suis certain que le règlement définitif se fera encore par la doctrine des puissances intéressées.

Ainsi, le roi de Sardaigne, la Confédération germanique qui n'ont pas été parties au congrès de Vienne interviendront, tandis que le Portugal, la Suède, l'Espagne ne seront point appelés à décider les difficultés de la Confédération. Il ne sera pas question des signataires du congrès de Vienne, mais des cabinets immédiatement intéressés dans ce débat par leurs frontières.

Comment se sont faits les protocoles de la question l'Orient? Également par la doctrine des puissances intéressées. Il est vrai qu'aucun congrès ne les avait réglés d'avance : à Vienne, en 1815, il n'en avait pas été dit un mot; à Aix-la-Chapelle, à Troppau, à Laybach, à peine avait-il été question des premiers mouvemens de l'émancipation grecque, réglée par les trois puissances, la Russie, l'Angleterre et la France, même sans l'Autriche dans le traité de 1827. Toutefois la question d'Orient était assez grosse pour qu'elle pût faire une annexe aux actes des congrès, et néanmoins, elle fut résolue par les seules puissances intéressées.

D'où il faut conclure que le congrès de Vienne, obligatoire et réglementaire pour la masse des questions générales, a laissé certaines libertés pour les questions spéciales. J'en prends encore un exemple dans une des difficultés les plus actives du jour, l'abolition de la traite des noirs.

Le principe général de cette abolition avait été fixé par une déclaration du congrès de Vienne; et néanmoins la France ne l'exécuta d'abord qu'avec restriction, le Portugal s'y refusa et l'Espagne fit des protestations.

Qu'est-il résulté depuis? C'est que les puissances intéressées ont seules réglé les questions de la traite dans les conférences de Londres. Les conventions sur le droit de visite, la liberté du pavillon, n'ont-elles pas été l'œuvre spéciale de l'Angleterre, de la France, de l'Autriche, de la Prusse et de la Russie, sans que la Suède, l'Espagne et le Portugal eussent été le moins du monde consultées; pourtant elles étaient signataires des actes du congrès de Vienne?

J'en conclus donc qu'on a fait à huit, puis à cinq, puis à quatre, certaines stipulations particulières qui se rattachent au congrès de Vienne. Mais en diplomatie, il faut bien distinguer ce qui est le développement d'un principe, la conséquence d'une clause, d'avec ce qui est en immédiate opposition avec ce principe ou cette clause.

Ainsi, les traités de Londres sur le droit de visite ont été la conséquence du congrès de Vienne, et non point un acte en opposition avec les actes du congrès; et c'est précisément ce qui jette un jour particulier sur le dernier acte relatif à Cracovie, acte de force, de violence qui mérite un examen impartial.

§ XXI.

RÉUNION DE LA VILLE LIBRE DE CRACOVIE.

Ici, comme il s'agit de s'adresser à l'Europe, trêve de cette polémique de partis, trêve d'une discussion ardente, passionnée; avec des hommes d'État, c'est le langage des faits, des traités et de la raison qu'il faut parler; rien au-delà, rien en deçà.

Tout ce qui est relatif à l'indépendance de Cracovie est contenu soit dans les actes généraux du congrès, soit dans les annexes, soit dans les conventions particulières entre les trois puissances protectrices; et il fallait bien que les puissances missent quelque importance à ce qui touche Cracovie, puisque c'est peut-être ce qui tient matériellement le plus de place dans les pièces du congrès de Vienne.

Tout ce qui concerne Cracovie a été réglé 1° par les actes VI, VII, VIII, IX, X, du congrès, signés le 9 juin 1815 (Voir *Annexe C.*).

2° Par un traité préparatoire relatif à Cracovie, conclu par la Prusse, l'Autriche et la Russie, le 3 mai 1815. Ce traité contient dix-neuf articles, dont le premier consacre l'indépendance perpétuelle de la cité libre de Cracovie (Voir *Annexe E.*).

3° Enfin, par un autre acte conclu aussi le 3 mai 1815, en vingt-deux articles, signé par le prince de Metternich, le prince de Hardenberg et le comte Rasumowski, représentans de l'Autriche, de la Prusse et de la Russie (Voir *Annexe F.*).

Une première distinction est à faire entre le premier de ces actes et les deux autres qui suivent; l'un est synallagmatique entre toutes les puissances signataires du congrès, les deux autres sont particuliers aux puissances protectrices.

D'où il suit (et ici point de confusion), que si les puissances ont été parfaitement libres de modifier les deux traités qui leur étaient propres, elles n'ont pu briser, modifier à elles seules les stipulations arrêtées par tous dans le congrès de Vienne.

L'indépendance de Cracovie était aussi bien écrite dans l'acte final que celle de Francfort, de Lubeck, de Brême et de Hambourg. Certes, nul n'a contesté à la Confédération germanique le droit de modifier ses constitutions, de prendre des mesures sévères et inflexibles de police territoriale; mais le jour où Francfort, Lubeck, Brême ou Hambourg, disparaîtraient comme villes indépendantes de la Confédération germanique, pour être réunies à la Prusse, au Danemarck, à l'Autriche, il y aurait violation des actes du congrès de Vienne, et l'Europe devrait aviser.

C'est précisément le cas de Cracovie; si la ville était remplie de brouillons (et nous le croyons facilement), de séditieux et de mécontens, rien de plus simple que de les chasser, de concerter des mesures militaires contre la cité séditieuse; personne n'avait rien à dire aux puissances protectrices; elles prenaient leurs précautions, elles étaient dans leur droit.

Mais elles cessaient de l'être quand elles enlevaient l'indépendance d'une façon absolue à une ville libre, pour la réunir à un des grands États.

Et qu'on ne compare point ceci à ce qui s'est passé pour le grand duché de Varsovie et ce qu'on a dénoncé au monde comme la mort de la constitution et de la nationalité polonaises.

Il suffit pour se convaincre de la différence de comparer l'article 1er du congrès de Vienne, relatif au grand duché de Varsovie et l'article VI du même congrès, relatif à la ville libre de Cracovie.

Pour le duché de Varsovie, il est dit « qu'il est réuni à l'Empire de Russie et lié irrévocablement par sa constitution. Le czar est roi de Pologne; » on y parle bien d'une représentation et d'institutions nationales, mais ce même article ajoute « que chacun des gouvernemens jugera la nature et le caractère de ces institutions. » On comprend donc parfaitement qu'en interprétant cet article dans son sens même le plus large, l'empereur de Russie a pu déclarer que la Pologne n'avait plus de constitution depuis qu'elle s'était insurgée et qu'elle était réunie d'une façon absolue à la Russie, comme le porte l'article 1er.

L'article VI relatif à Cracovie ne parle pas de réunion ; loin de là, la ville est déclarée cité libre, indépendante et strictement neutre ; et dans l'état actuel est-elle encore libre, indépendante et neutre ? Non. Eh bien ! les actes du congrès de Vienne sont donc violés, dans un article si précis qu'il ne peut laisser aucun doute.

Il n'y a pas de raisonnement qui puisse être opposé à cette thèse, pas de tradition historique qu'on puisse invoquer, pas de prétexte politique, car dans le droit public il n'y a que deux manières de modifier les traités : la guerre avec la conquête qui en est la suite, et les stipulations conventionnelles signées avec les mêmes puissances qui ont sanctionné les traités primitifs.

Il n'y pas eu pour Cracovie le prétexte même de la guerre et de la conquête comme pour Varsovie ; il n'y a pas eu même besoin de déployer une force, une énergie de nation ou de système militaire, car la ville de Cracovie est impuissante pour résister à une coalition sérieuse et armée de la Russie, de la Prusse et de l'Autriche. L'occupation était si facile qu'en vérité elle n'a pu donner ni peine, ni souci, ni gloire, et c'est ce qui rend la violation des articles plus flagrante, j'ai presque dit plus odieuse. Y avait-il des complots dans la ville? il fallait les réprimer; des séditions? la force était aux mains des puissances protectrices : elles pouvaient supprimer l'université, le sénat, la constitution tout entière, mais ce qu'elles devaient respecter c'était le caractère neutre, indépendant, le titre de ville libre consacré par un article spécial du congrès signé de toutes les puissances du comité des huit à Vienne.

En ce monde, il y a un autre empire que la force; de ce qu'on peut, on ne doit pas toujours; de ce qu'on commande à de grandes armées, il ne faut pas croire qu'on puisse disposer de toutes les puissances secondaires qui sont défendues par le droit général et protecteur. Aujourd'hui c'est une ville, demain ce sera un duché, un électorat; s'il convient à la Prusse, à l'Autriche et la Russie de supprimer un ou deux électorats de l'Allemagne, maintenant tout leur est permis. Le droit public n'est pas pour les forts; ils n'en ont pas besoin; il est pour les faibles, pour les infirmes dans l'ordre politique, et je crois qu'à ce point de vue, nulle question n'intéresse plus vivement l'Allemagne et l'Italie, partout où existent de petites puissances intermédiaires.

De là cet embarras extrême dans les réponses de la chancellerie autrichienne généralement forte et logique : très certainement les puissances avant le congrès de Vienne et son acte final avaient pris à deux, à trois, à cinq des engagemens particuliers, et de ces engagemens elles ne voulaient pas se départir; mais dès qu'elles les faisaient ratifier par les huit puissances signataires, ces traités antérieurs devenaient les parties mêmes du congrès. La théorie de distinction entre les signataires et les garans d'un traité est en dehors de toute logique. Et depuis quand d'ailleurs un garant n'est-il pas consulté lorsqu'on supprime le gage, l'objet même de la stipulation? Aussi l'esprit éminent du prince de Metternich ne s'est-il pas contenté d'une démonstration logique, il a fait insinuer qu'il avait eu la main forcée par la Russie. Nous croyons à l'Autriche trop de force et d'indépendance pour se laisser forcer la main par nulle autre puissance; et cette fois il eût été d'autant plus loyal de résister, que la violence qu'on lui faisait était douce et bonne. On répète : « nous avions besoin de Cracovie pour la sûreté de l'Allemagne. » Nous soutenons, nous, au contraire que l'acte le plus menaçant pour toutes les petites souverainetés de l'Allemagne, c'est précisément cette incorporation de Cracovie à l'Autriche : villes, électorats n'ont plus de sûreté désormais; les forts peuvent dévorer les faibles et l'équilibre est brisé.

§ XXII.

CONDUITE DE LA FRANCE; PROTESTATION; NÉCESSITÉ D'UN CONGRÈS OU D'UNE CONFÉRENCE.

Il faut prendre garde que certaines époques ne soient marquées d'un caractère trop spécial d'injustice et de violence, car c'est un danger pour l'ordre moral des sociétés. Ces sortes d'époques sont généralement signalées par la multitude des protestations.

La force superbe dédaigne trop ces actes qu'en diplomatie et dans le droit public on appelle protestation ; c'est un cri qui s'exhale du fond de la conscience, et quand les plaintes sont fondées sur la justice et le droit, elles acquièrent une force immense ; tôt ou tard ceux qui les raillent sont punis en vertu des mêmes principes qu'ils ont méconnus.

Une protestation n'est et ne peut pas être une menace; c'est une plainte, un appel à la justice, à Dieu et à l'avenir des événemens ; le caractère des protestations est donc d'être calme, réfléchi, de faire honte à la violence par la mesure et la tempérance des expressions. Rien de déclamatoire, point d'épée tirée du fourreau ; comme une protestation se dépose dans les archives du temps, il faut qu'on la retrouve intacte et pure à l'époque où l'on en aura besoin, car alors elle deviendra un manifeste.

Il y a des esprits qui appellent la guerre à la moindre question, au moindre embarras, à la plus petite secousse ; ceux-là ne connaissent pas la balance des intérêts, l'esprit des nations. Il y a aussi des gouvernemens qui, perdant leur calme accoutumé, nous disent : « faites-nous la guerre ; vous ne le pouvez pas, vos embarras intérieurs vous en empêchent. »

À ces deux classes de sophistes, nous répondrons clairement : « Nous savons tous les dangers de la guerre, et voilà pourquoi la France ne la veut pas imprudemment, par des coups de tête, et à la suite des moindres difficultés. »

Mais conclure de là que la France ne peut pas faire la guerre, c'est mal connaître ce peuple, belliqueux de sa nature, qui au premier signal se jette sur toute l'Europe avec un enthousiasme sans frein. Les cabinets doivent savoir que notre nation a besoin d'être contenue, et non poussée par son gouvernement. Une marche en avant serait signalée par de bruyantes et joyeuses fanfares. Nous l'avons bien prouvé, et l'Europe le prouve encore par son inquiétude sur chacune de nos actions.

Cela dit, il y a deux motifs pour lesquels dans la question actuelle on ne doit pas faire la guerre; c'est qu'il y a impossibilité de préserver Cracovie et que l'objet, au point de vue matériel, n'est pas assez sérieux pour imposer les sacrifices que commanderait une campagne.

La question est bien différente au point de vue moral. Le fait est grave, la violation immense, et les cabinets ne sauraient trop peser les conséquences qui peuvent en surgir. Non pas que nous soyons de cette école qui croit les traités de Paris brisés par la violation d'un article du congrès de Vienne. Ceci suppose une confusion extrême que j'ai signalée ; il n'y a rien de commun entre les actes du congrès de Vienne (9 juin 1815) et les traités de Paris (30 mai 1814, 20 novembre 1815). Ce sont deux actes tout-à-fait distincts et séparés.

Mais nous croyons que depuis long-temps rien n'a été fait qui puisse blesser plus fortement l'ordre public européen ; nous pensons qu'il n'y a pas une seule puissance intermédiaire du second et du troisième ordre qui n'envisage avec inquiétude la suppression de l'indépendance de Cracovie. On se tâte, on se regarde. Qu'y aura-t-il désormais de légal et de sacré ?

L'ordre moral étant ainsi troublé, il est urgent, il est impérieux de le rétablir ; et pour cela, le meilleur moyen est de faire examiner et juger l'acte des trois puissances par les signataires du congrès de Vienne. Ici sera seulement le droit, parce que toutes les formes seront strictement observées.

Les puissances protectrices ont cru que l'indépendance de la ville libre de Cracovie était un motif de trouble et de tourment pour leurs propres États, comme la France a cru en 1830 et 1831 que la séparation de la Belgique était un fait acquis pour l'ordre européen ; pourquoi dans cette nouvelle circonstance les trois puissances craindraient-elles d'exposer leurs griefs devant un congrès, ou si un congrès fait peur, devant une simple conférence, comme cela s'est pratiqué pour les affaires de la Belgique ?

Nous savons qu'il n'y a rien d'inflexible, d'immuable dans ce monde; le congrès de Vienne n'est pas l'acte éternel qui réglera le droit général des nations ; tout change, tout se modifie; le royaume des Pays-Bas a cessé d'exister dans sa configuration de 1815 ; la Pologne a cessé d'avoir sa nationalité et sa constitution. La Suisse voit la sienne s'ébranler et se déchirer; nous ne jugeons pas dans sa pensée l'acte qui réunit Cracovie à l'Autriche; peut-être a-t-il été nécessaire comme la séparation de la Belgique et de la Hollande; mais pourqu'il en soit ainsi, il faut que la question soit résolue légalement.

Si un congrès a trop de solennité, il a toujours d'heureuses conséquences sur les grandes questions du monde. Est-ce qu'il n'y a pas eu assez de changemens depuis 1830, d'assez profondes secousses, pour appeler cet examen calme et impartial des hommes d'État? Si l'Europe est matériellement tranquille, il y a bien des matières en effervescence qui l'ont ébranlée; les nations ont passé à travers de grandes épreuves et les gouvernemens aussi. Il serait bon peut-être de remanier quelques-uns des résultats de 1815, et d'approprier les principes aux nouvelles idées : l'Orient est à la veille d'une crise; il faut la prévoir et la régler; les populations chrétiennes gémissent sous le joug ottoman. L'Allemagne travaille à sa double unité religieuse et politique; l'Italie a un nouveau pontife, et un certain esprit d'innovation y pénètre par les grandes voies du catholicisme. L'Espagne a vu son droit successorial se modifier et la question s'est résolue par un mariage; il y a froideur, irritation, entre plusieurs cabinets. En Orient, il s'opère une certaine tendance vers la civilisation européenne; les beys et les pachas viennent étudier Paris les mœurs chrétiennes et les forces nouvelles des sociétés. Les questions de douanes, de commerce et de chemins de fer préparent un avenir mystérieux que nul ne peut prévoir encore. Nous savons que telle est l'opinion de la Prusse et de son roi si éclairé; que s'est-il donc passé dans l'esprit du prince de Metternich, lui qui plaçait les principes éternels de justice au-dessus de la force; lui qui dans son éducation de Strasbourg s'est nourri des études impartiales du professeur de Kock sur le droit public? lui surtout qui aimait tant ces réunions suprêmes où son esprit éminent dominait avec sa puissante supériorité?

Ne serait-ce pas le cas de réunir en congrès les grands cabinets de l'Europe? Nous ne dirons pas comme un éloquent orateur de la Chambre des pairs « les rois s'en vont; » mais nous croyons que les gouvernemens dorment, qu'ils dorment dans la sécurité de leur force et de leur passé. Comme l'humanité a ses douleurs et ses labeurs infinis, la tâche des gouvernemens, c'est le travail; le travail incessant, journalier, comme le pain que Dieu donne à l'homme à travers les périls et les sueurs du monde.

§ XXIII.

PROTECTION DES NEUTRES ET DES ÉTATS INTERMÉDIAIRES.

Si l'idée d'un congrès ou d'une conférence n'était point admise comme seul moyen de discuter et d'amener la sanction légale des résolutions prises par les trois puissances, il résulterait de ce refus une bonne attitude pour la France.

Tant que, sous la révolution et l'empire, la France avait été le centre de grandes violences (la propagande et la conquête), la protection du droit pris dans son acception absolue, était passée aux puissances de l'Europe coalisées. Je vais même plus loin : après la révolution de 1830, la perturbation vint long-temps de nos propres idées, de l'esprit de notre politique ; et alors, jusqu'à un certain point, la protection des traités restait encore aux mains de l'Europe.

Dans la circonstance présente les rôles ont

changé : la violence, je dis même la révolution, n'est plus en nous, mais dans les actes de l'Europe elle-même. Dès-lors la protection des faibles, du droit, de la justice et des traités nous revient pleinement.

Les conséquences de cette situation sont immenses, parce que l'Europe se compose d'Etats forts et d'Etats faibles, de grandes et de petites puissances ; et par la nature des choses, dans le système de violence adopté depuis la réunion de Cracovie, cette protection des Etats faibles est désormais notre mission diplomatique.

En Orient, par exemple, qui garantit la Turquie des caprices victorieux de la Russie sur la Moldavie et la Valachie, et des menées plus secrètes de l'Autriche, à l'égard de la Bosnie et de la Servie? Il en résultera qu'à Constantinople il n'y aura plus désormais d'appui que dans la France et dans l'Angleterre. Encore en voyant lord Palmerston, si faible et si mou dans cette question de Cracovie, à ce point de se faire pour ainsi dire complice de l'Europe, la Turquie se tournera tout entière vers la France et ce protectorat unique, ce n'est pas nous qui l'aurons préparé.

En Italie, qui désormais garantit les Légations pontificales contre les caprices de l'Autriche? Naples, le Piémont et toutes les souverainetés secondaires ont-elles d'autre protection que celle de la France?

Partout la Suisse, l'Allemagne, Saxe, Bavière, Wurtemberg, Bade, villes libres, viendront naturellement se placer sous nos grandes ailes, et c'est ici une belle et noble position. Tant il est vrai qu'il y a une immense force dans ce qui est juste! Toutes les puissances intermédiaires avaient peur de la France révolutionnaire, ces mêmes puissances viendront à cette France conservatrice qui, par un souvenir des vieux temps de notre monarchie, se déclare la protectrice des faibles, et reprend ici sa position naturelle, traditionnelle.

Le cardinal de Richelieu l'avait ainsi comprise, quand il s'était fait le protecteur de l'Allemagne contre la maison d'Autriche. Voyez la Suède qui proteste comme autrefois contre les actes violens de l'Europe! Louis XIV avait agrandi cette belle mission, et on la trouve encore sous Louis XV et sous Louis XVI. L'époque de la République et de Napoléon l'avait compromise, la Restauration l'avait essayée ; mais faible à son origine, elle ne pouvait tout ce qu'elle voulait.

Aujourd'hui cette grande politique peut renaître, et pour arriver à ces nobles fins, il faut que la France s'éloigne de plus en plus des doctrines de désordre et de révolution, et voilà pourquoi l'attitude de M. Guizot est admirable, car il est passionné pour l'ordre et le respect des traités. Il ne faut plus faire peur aux petits cabinets avec nos idées, mais leur tendre la main, les soutenir. Ce sera donc un beau rôle pour notre France que celui de chef de la ligue des États du second ordre, d'amie et de protectrice de tous les États intermédiaires au nom de la justice et du droit.

La mission de la France est donc aujourd'hui d'accepter entièrement ce rôle, de s'y jeter avec une certaine grandeur, avec une majesté de bienveillance et de protection, afin que les faibles sachent que lorsqu'ils seront menacés, ils auront derrière eux une nation forte, et un gouvernement qui peut se faire entendre par sa diplomatie, ses armées, ses finances et ses richesses publiques égales à celles de toutes les nations.

L'Europe ne doit point se le dissimuler, une ère

diplomatique nouvelle commence; il ne s'agit plus de la lutte révolutionnaire ou anti-révolutionnaire, mais des questions sérieuses de prépondérance, de bonne foi et d'exécution des traités. La France se place avec justice et hardiesse dans l'exécution du texte et de l'esprit des grandes transactions européennes. Elle ne menacera plus; elle protégera.

ANNEXES

ET PIÈCES JUSTIFICATIVES.

ANNEXE A.

Traité de paix entre le roi Louis XVIII et les puissances alliées du 30 mai 1814.

Au nom de la Très-Sainte et indivisible Trinité,

S. M. le roi de France et de Navarre, d'une part, et S. M. l'empereur d'Autriche, roi de Hongrie et de Bohême et ses alliés, d'autre part, étant animés d'un égal désir de mettre fin aux longues agitations de l'Europe et aux malheurs des peuples, par une paix solide, fondée sur une juste répartition de forces entre les puissances, et portant dans ses stipulations la garantie de durée; et S. M. l'empereur d'Autriche, roi de Hongrie et de Bohême, et ses alliés, ne voulant plus exiger de la France, aujourd'hui que s'étant replacée sous le gouvernement paternel de ses rois, elle offre aussi à l'Europe un gage de sécurité et de stabilité, des conditions et des garanties qu'ils lui avaient à regret demandées sous le dernier gouvernement.... etc.

ARTICLE PREMIER.

Il y aura à compter de ce jour, paix et amitié entre S. M. le roi de France et de Navarre, d'une part, et S. M. l'empereur d'Autriche, roi de Hongrie et de Bohême, et ses alliés, de l'autre part, leurs héritiers et successeurs, leurs États et sujets respectifs à perpétuité. Les hautes parties contractantes apporteront tous leurs soins à maintenir, non-seulement entre elles, mais encore autant qu'il dépend d'elles, entre tous les États de l'Europe, la bonne harmonie et intelligence si nécessaires à son repos.

ARTICLE II.

Le royaume de France conserve l'intégrité de ses limites telles qu'elles existaient à l'époque du 1er janvier 1792. Il recevra en outre une augmentation de territoire comprise dans la ligne de démarcation fixée par l'article suivant.

ARTICLE III.

Du côté de la Belgique, de l'Allemagne et de l'Italie, l'ancienne frontière ainsi qu'elle existait le 1er janvier 1792, sera rétablie, en commençant de la mer du Nord entre Dunkerque et Nieuport, jusqu'à la Méditerranée entre Cagnes et Nice, avec les rectifications suivantes :

1° Dans le département de Jemmapes, les cantons de Dour, Merbes-le-Château, Beaumont et Chimay, resteront à la France : la ligne de démarcation passera là où elle touche le canton de Dour, entre ce canton et ceux de Boussu et Pâturage, ainsi que plus loin entre celui de Merbes-le-Château et ceux de Binch et de Thuin.

2° Dans le départemen de Sambre-et-Meuse, les cantons de Valcour, Florennes, Beauraing et Gédinne, appartiendront à la France : la démarcation quand elle atteint ce département suivra la ligne qui sépare les cantons précités, du département de Jemmapes et du reste de celui de Sambre-et-Meuse.

3° Dans le département de la Moselle, la nouvelle démarcation là où elle s'écarte de l'ancienne, sera formée par une ligne à tirer depuis Perle jusqu'à Fremesdorf, et par celle qui sépare le canton de Tholey du reste du département de la Moselle.

4° Dans le département de la Sarre, les cantons de Saarbruck et d'Arneval resteront à la France, ainsi que la partie de celui de Lebach qui est situé au midi d'une ligne à tirer le long des confins des villages de Herchenbach, Uederhofen, Hilsbach et Hall (en laissant ces différens endroits hors de la frontière française), jusqu'au point où près de Querseille (qui appartient à la France), la ligne qui sépare les cantons d'Arneval et d'Ottweiler atteint celle qui sépare ceux d'Arneval et de Lebach, la frontière de ce côté sera formée par la ligne ci-dessus désignée, et ensuite par celle qui sépare le canton d'Arneval de celui de Bliecastel.

5° La forteresse de Landau ayant formé avant l'année 1792 un point isolé dans l'Allemagne, la France conserve au-delà de ses frontières une partie des départemens du Mont-Tonnerre et du Bas-Rhin, pour joindre la forteresse de Landau et son rayon au reste du royaume. La nouvelle démarcation, en partant du point où, près d'Obersteinbach (qui reste hors des limites de la France), la frontière entre le département de la Moselle et celui du Mont-Tonnerre atteint le département du Bas-Rhin, suivra la ligne qui sépare les cantons de Weissembourg et de Bergzabern (du côté de la France), des cantons de Pirmasens, Dahn et Anweiler (du côté de l'Allemagne) jusqu'au point où ces limites, près du village de Wolmersheim, touchent l'ancien rayon de la forteresse de Landau : de ce rayon, qui reste ainsi qu'il était fixé en 1792, la nouvelle frontière suivra le bras de la rivière de la Queich, qui, en quittant ce rayon près de Queicheim (qui reste à la France) passe près des villages de Merlenheim, Knittelsheim et Belheim (demeurant également français), jusqu'au Rhin, qui continuera ensuite à former la limite de la France et de l'Allemagne. Quant au Rhin, le thalweg constituera la limite, de manière cependant que les changemens que subira par la suite le cours de ce fleuve, n'auront à l'avenir aucun effet sur la propriété des îles qui s'y trouvent ; l'état de possession de ces îles sera rétabli tel qu'il existait à l'époque de la signature du traité de Lunéville.

6° Dans le département du Doubs, la frontière sera rectifiée de manière qu'elle commence au-dessus de la Rançonnière près de Locle, et suive la crête du Jura, entre le Cerneux-Péquignot et le village de Fontenelles, jusqu'à une cime du Jura située à environ sept ou huit mille pieds au nord-ouest du village de la Brévine, où elle retombera dans l'ancienne limite de la France.

7° Dans le département du Léman, les frontières entre le territoire français, le pays de Vaud, et les différentes portions du territoire de la république de Genève (qui fera partie de la Suisse) restent les mêmes qu'elles étaient avant l'incorporation de Genève à la France. Mais le canton de Frangy, celui de Saint-Julien (à l'exception de la partie située au nord d'une ligne à tirer du point où la rivière de la Laire entre, près de Chancy, dans le territoire genévois, le long des confins du Seséguin, Lacouex et Séseneuve qui resteront hors des limites de la France), le canton de Reigner (à l'exception de la portion qui se trouve à l'est d'une ligne qui suit les confins de la Muraz, Bussi, Pers et Cornier, qui seront hors des limites françaises), et le canton de la Roche (à l'exception des endroits nommés **La Roche et Armanoy**, avec leurs districts), resteront à la France : la frontière suivra les limites de ces différens cantons et les lignes qui séparent les portions qui demeurent à la France, de celles qu'elle ne conserve pas.

8° Dans le département du Mont-Blanc, la France acquiert la sous-préfecture de Chambéry (à l'exception des cantons de l'Hôpital, de Saint-Pierre-d'Albigny, de la Rocette et de Montmélian), et la sous-préfecture d'Annecy (à l'exception de la partie du canton de Faverge située à l'est d'une ligne qui passe entre Ourchaise et Marlens du côté de la France, et Marthod et Ugine du côté opposé, et qui suit après la crête des montagnes, jusqu'à la frontière du canton de Thones); c'est cette ligne qui, avec la limite des cantons mentionnés, formera de ce côté la nouvelle frontière. Du côté des Pyrénées, les frontières restent telles qu'elles étaient entre les deux royaumes de France et d'Espagne à l'époque du 1er janvier 1792. La France renonce à tous droits de souveraineté, de suzeraineté et de possession sur tous les pays et districts, villes et endroits quelconques situés hors de la frontière ci-dessus désignée ; la principauté de Monaco étant toutefois replacée dans les rapports où elle se trouvait avant ou après le 1er janvier 1792. Les cours alliées assurent à la France la possession de la principauté d'Avignon, du comtat Venaissin, du comté de Montbéliard, et de toutes les enclaves qui ont appartenu autrefois à l'Allemagne, comprises dans la frontière ci-dessus indiquée, qu'elles aient été incorporées à la France avant ou après le 1ᵉʳ janvier 1792. Les puissances se réservent réciproquement la faculté entière de fortifier tel point de leurs États qu'elles jugeront convenable pour leur sûreté. Pour éviter toute lésion de propriétés particulières, et mettre à couvert, d'après les principes les plus libéraux, les biens d'individus domiciliés sur les frontières, il sera nommé, par chacun des Etats limitrophes de la France, des commissaires, pour procéder, conjointement avec des commissaires français, à la délimitation des États respectifs.

ARTICLE IV.

Pour assurer les communications de la ville de Genève avec d'autres parties du territoire de la Suisse situées sur le lac, la France consent à ce que l'usage de la route par Versoy soit commun aux deux pays : les gouvernemens respectifs s'entendront à l'amiable sur les moyens de prévenir la contrebande, et de régler le cours des postes et l'entretien de la route.

ARTICLE V.

La navigation sur le Rhin, du point où il devient navigable jusqu'à la mer, et réciproquement, sera libre, de telle sorte qu'elle ne puisse être interdite à personne ; et l'on s'occupera, au futur congrès, des principes d'après lesquels on pourra régler les droits à lever par les Etats riverains, de la manière la plus égale et la plus favorable au commerce de toutes les nations. Il sera examiné et décidé de même, dans le futur congrès, de quelle manière, pour faciliter la communication entre les peuples, et les rendre toujours moins étrangers les uns aux autres, la disposition ci-dessus pourra être également étendue à tous les autres fleuves, qui, dans leur cours navigable, séparent ou traversent différens Etats.

ARTICLE VI.

La Hollande, placée sous la souveraineté de la maison d'Orange, recevra un accroissement de territoire. Le titre et l'exercice de la souveraineté n'y pourront, dans aucun cas, appartenir à aucun prince portant ou appelé à porter une couronne étrangère. Les Etats de l'Allemagne seront indépendans, et unis par un lien fédératif. La Suisse indépendante continuera de se gouverner par elle-même. L'Italie, hors les limites des pays qui reviendront à l'Autriche, sera composée d'Etats souverains.

ARTICLE VII.

L'île de Malte et ses dépendances appartiendront, en toute propriété et souveraineté à Sa Majesté Britannique.

ARTICLE VIII.

Sa Majesté Britannique stipulant pour elle et ses alliés, s'engage à restituer à Sa Majesté Très Chrétienne, dans les délais qui seront ci-après fixés, les colonies, pêcheries, comptoirs et établissemens de tout genre que la France possédait au 1er janvier 1792, dans les mers et sur les continens de l'Amérique, de l'Afrique et de l'Asie, à l'exception toutefois des îles de Tabago et de Sainte-Lucie, et de l'île de France et de ses dépendances, nommément Rodrigue et les Séchelles, lesquelles Sa Majesté Très Chrétienne cède en toute propriété et souveraineté à Sa Majesté Britannique comme aussi de la partie de Saint-Domingue cédée à la France par la paix de Bâle, et que Sa Majesté Très Chrétienne rétrocède à Sa Majesté Catholique en toute propriété et souveraineté.

ARTICLE IX.

Sa Majesté le roi de Suède et de Norwége, en conséquence d'arrangemens pris avec ses alliés, et pour l'exécution de l'article précédent consent à ce que l'île de la Guadeloupe soit restituée à Sa Majesté Très Chrétienne, et cède tous les droits qu'il peut avoir sur cette île.

ARTICLE X.

Sa Majesté Très Fidèle, en conséquence d'arrangemens pris avec ses alliés et pour l'exécution de l'art. 8, s'engage à restituer à Sa Majesté Très Chrétienne, dans le délai ci-après fixé la Guiane française, telle qu'elle était au 1er janvier 1792. L'effet de la stipulation ci-dessus étant de faire revivre la contestation existant à cette époque au sujet des limites, il est convenu que cette contestation sera terminée par un arrangement amiable entre les deux cours, sous la médiation de Sa Majesté Britannique.

ARTICLE XI.

Les places et forts existant dans les colonies et établissemens qui doivent être rendus à Sa Majesté Très Chrétienne, en vertu des art. 8, 9 et 10 seront remis dans l'état où ils se trouveront au moment de la signature du présent traité.

ARTICLE XII.

Sa Majesté Britannique s'engage à faire jouir les sujets de Sa Majesté Très Chrétienne, relativement au commerce et à la sûreté de leurs personnes et propriétés, dans les limites de la souveraineté britannique sur le continent des Indes, des mêmes facilités, priviléges et protection qui sont à présent ou seront accordés aux nations les plus favorisées. De son côté, Sa Majesté Très Chrétienne, n'ayant rien de plus à cœur que la perpétuité de la paix entre les deux couronnes de France et d'Angleterre, et voulant contribuer, autant qu'il est en elle, à écarter dès à présent, des rapports des deux peuples, ce qui pourrait un jour altérer la bonne intelligence mutuelle, s'engage à ne faire aucun ouvrage de fortification dans les établissemens qui lui doivent être restitués, et qui sont situés dans les limites de la souveraineté britannique sur le continent des Indes, et à ne mettre dans ces établissemens que le nombre de troupes nécessaires pour le maintien de la police.

ARTICLE XIII.

Quant au droit de pêche des Français sur le grand banc de Terre-Neuve, sur les côtes de l'île de ce nom, et des îles adjacentes, et dans le golfe de Saint-Laurent, tout sera remis sur le même pied qu'en 1792.

ARTICLE XIV.

Les colonies comptoirs, et établissemens qui doivent être restitués à Sa Majesté Très Chrétienne par Sa Majesté Britannique ou ses alliés, seront remis ; savoir, ceux qui sont dans les mers du nord ou dans les mers et sur les continens de l'Amérique et de l'Afrique, dans les trois mois, et ceux qui sont au-delà du cap de Bonne-Espérance, dans les six mois qui suivront la ratification du présent traité.

ARTICLE XV.

Les hautes parties contractantes s'étant réservé, par l'art. 4 de la Convention du 23 avril dernier de régler dans le présent traité de paix définitif le sort des arsenaux et des vaisseaux de guerre armés et non armés qui se trouvent dans les places maritimes remises par la France en exécution de l'art. 2 de ladite Convention, il est convenu que lesdits vaisseaux et bâtimens de guerre armés et non armés, comme aussi l'artillerie navale et les munitions navales, et tous les matériaux de construction et d'armement, seront partagés entre la France et le pays où les places sont situées, dans la proportion de deux tiers pour la France et d'un tiers pour les puissances auxquelles lesdites places appartiennent...

ARTICLE XVI.

Les hautes parties contractantes, voulant mettre et faire mettre dans un entier oubli les divisions qui ont agité l'Europe, déclarent et promettent que, dans les pays restitués et cédés par le présent traité, aucun individu, de quelque classe et condition qu'il soit, ne pourra être poursuivi, inquiété ou troublé, dans sa personne ou dans sa propriété, sous aucun prétexte, ou à cause de sa conduite et opinion politique, ou de son attachement, soit à aucune des parties contractantes, soit à des gouvernemens qui ont cessé d'exister, ou pour toute autre raison, si ce n'est pour les dettes contractées envers les individus ou pour des actes postérieurs au présent traité.

ARTICLE XVII.

(Cet article porte que dans les pays qui devront changer de maîtres, il sera accordé aux habitans un délai de six ans pour disposer de leurs propriétés acquises et se retirer dans tel pays qu'il leur plaira.)

ARTICLE XVIII.

Les puissances alliées, voulant donner à Sa Majesté Très Chrétienne, un nouveau témoignage de leur désir de faire disparaître, autant qu'il est en elles, les conséquences de l'époque de malheur si heureusement terminée par la présente paix, renoncent à la totalité des sommes que les gouvernemens ont à réclamer de la France, à raison de contrats, de fournitures ou d'avances quelconques faites au gouvernement français dans les différentes guerres qui ont eu lieu depuis 1792. De son côté, Sa Majesté Très Chrétienne renonce à toute réclamation qu'elle pourrait former contre les puissances alliées, aux mêmes titres.

(Les articles XIX à XXXI sont relatifs principalement à des questions financières ou d'intérêt public pendantes entre le gouvernement français et les pays cessant de lui appartenir.)

ARTICLE XXXII.

Dans le délai de deux mois, toutes les puissances qui ont été engagées de part et d'autre dans la présente guerre, enverront des plénipotentiaires à Vienne, pour régler, dans un congrès général, les arrangemens qui doivent compléter les dispositions du présent traité.

ARTICLE XXXIII.

Le présent traité sera ratifié et les ratifications en seront échangées dans le délai de quinze jours ou plus tôt si faire se peut. En foi de quoi les plénipotentiaires respectifs l'ont signé et y ont apposé le cachet de leurs armes.

Fait à Paris, le 30 mai de l'an de grâce 1814.

Signé Le prince de BÉNÉVENT.
Le prince de METTERNICH.
Le comte de STADION.

Le même jour, dans le même lieu et au même moment le même traité de paix a été conclu entre la France et la Russie, la France et la Grande-Bretagne, la France et la Prusse et ces traités particuliers signés par le prince de Bénévent au nom de la France, les comtes de Rasumowski et de Nesselrode pour la Russie, lord Castlereagh, le comte d'Aberdeen, le vicomte Cathcart et sir Charles Stewart, pour l'Angleterre, le prince de Hardenberg et le baron de Humboldt pour la Prusse.

Articles additionnels au traité avec la Grande-Bretagne.

Article premier. Sa Majesté Très Chrétienne, partageant sans réserve tous les sentimens de Sa Majesté Britannique relativement à un genre de commerce que repoussent et les principes de la justice mutuelle et les lumières des temps où nous vivons, s'engage à unir au futur congrès, tous ses efforts à ceux de Sa Majesté Britannique, pour faire prononcer par toutes les puissances de la chrétienté l'abolition de la traite des noirs; de telle sorte que ladite traite cesse universellement, comme elle cessera définitivement et dans tous les cas de la part de la France, dans un délai de cinq années, et qu'en outre, pendant la durée de ce délai, aucun trafiquant n'en puisse importer ni vendre ailleurs que dans les colonies de l'État dont il est sujet.

ANNEXE B.

Congrès de Vienne. — Personnel du comité des huit.

PLÉNIPOTENTIAIRES.

AUTRICHE. — Le prince de Metternich, le baron de Wessenberg.

ESPAGNE. — Don Gomez Labrador.

FRANCE. — Le prince de Talleyrand, le duc de Dalberg, le comte Gouvernet de la Tour du Pin, le comte Alexis de Noailles.

ANGLETERRE. — Le vicomte de Castlereagh, le duc de Wellington, le comte de Clancarty, lord Cathcart, lord Stewart.

PORTUGAL. — Le comte de Palmella, Antonio de Saldanha, dom Joaquin Lobo da Sylveira.

Prusse. — — Le prince de Hardenberg, le baron Guillaume de Humboldt.

Russie. — Le comte de Rasumowski, le comte de Stackelberg, le comte de Nesselrode.

Suède. — Le comte de Lœvenhielm.

ANNEXE C.

Actes du congrès de Vienne sur la Pologne.

ARTICLE PREMIER.

Le duché de Varsovie, à l'exception des provinces et districts dont il a été autrement disposé dans les articles suivans, est réuni à l'empire de Russie. Il y sera lié irrévocablement par sa constitution, pour être possédé par S. M. l'empereur de toutes les Russies, ses héritiers et ses successeurs à perpétuité. Sa Majesté Impériale se réserve de donner à cet État, jouissant d'une administration distincte, l'extension intérieure qu'elle jugera convenable. Elle prendra avec ses autres titres celui de czar, roi de Pologne, conformément au protocole usité et consacré pour les titres attachés à ses autres possessions.

Les Polonais, sujets respectifs de la Russie, de l'Autriche et de la Prusse, obtiendront une représentation et des institutions nationales, réglées d'après le mode d'existence politique que chacun des gouvernemens auxquels ils appartiennent jugera utile et convenable de leur accorder.

ARTICLE II.

La partie du duché de Varsovie que S. M. le roi de Prusse possédera en toute souveraineté et propriété pour lui et ses successeurs, sous le titre du grand duché de Posen, sera comprise dans la ligne suivante (ce qui suit est relatif à une démarcation de frontières).

ARTICLE III.

Sa Majesté Impériale et Royale Apostolique possédera en propriété et souveraineté les salines de Wieliczka, ainsi que le territoire y appartenant.

ARTICLE IV.

Le thalweg de la Vistule séparera la Gallicie du territoire de la ville libre de Cracovie. Il servira de même de frontière entre la Gallicie et la partie du ci-devant duché de Varsovie, réunie aux États de S. M. l'empereur de toutes les Russies, jusqu'aux environs de la ville de Zavichost.

ARTICLE V.

S. M. l'empereur de toutes les Russies cède à Sa Majesté Impériale et Royale Apostolique les districts qui ont été détachés de la Gallicie orientale, en vertu du traité de Vienne de 1809, des cercles de Zloczow, Brzezan, Tarnopol et Zalesczyk.

ARTICLE VI.

La ville de Cracovie avec son territoire est déclarée à perpétuité cité libre, indépendante, et strictement neutre sous la protection de la Russie, de l'Autriche et de la Prusse.

ARTICLE VII.

(Cet article règle en détail les frontières du territoire de la ville libre de Cracovie.)

ARTICLE VIII.

S. M. l'empereur d'Autriche, voulant contribuer en particulier de son côté à ce qui pourra faciliter les relations de commerce et de bon voisinage entre la Gallicie et la ville libre de Cracovie, accorde à perpétuité à la ville riveraine de Podgorze les priviléges d'une ville libre de commerce, tels qu'en jouit la ville de Brody. Cette liberté de commerce s'étendra à un rayon de cinq cents toises, à prendre de la barrière des faubourgs de la ville de Podgorze. Par suite de cette concession perpétuelle, qui cependant ne doit pas porter atteinte aux droits de souveraineté de Sa Majesté Impériale et Royale Apostolique, les douanes autrichiennes ne seront établies que dans des endroits situés au dehors dudit rayon. Il n'y sera formé de même aucun établissement militaire, qui pourrait menacer la neutralité de Cracovie, ou gêner la liberté du commerce dont Sa Majesté Impériale veut faire jouir la ville de Podgorze.

ARTICLE IX.

Les cours de Russie, d'Autriche et de Prusse s'engagent à respecter en tout temps la neutralité de la ville libre de Cracovie et de son territoire; aucune force armée ne pourra jamais y être introduite sous quelque prétexte que ce soit.

En revanche il est entendu et expressément stipulé qu'il ne pourra être accordé dans la ville libre et sur le territoire de Cracovie aucun asile ou protection à des transfuges, déserteurs ou gens poursuivis par la loi, appartenant aux pays de l'une ou de l'autre de hautes puissances susdites, et que, sur la demande d'extradition qui pourra en être faite par les autorités compétentes, de tels individus seront arrêtés et livrés sans délai sous bonne escorte à la garde qui sera chargée de les recevoir à la frontière.

ANNEXE D.

Traité entre la Russie et la Prusse, du 21 avril (3 mai 1815.

ARTICLE PREMIER.

La partie du duché de Varsovie que S. M. le roi de Prusse possédera en toute souveraineté et propriété pour lui et ses successeurs, sous le titre de grand duché de Posen, sera comprise dans la ligne suivante (suit la délimitation de cette ligne).

ARTICLE II.

La ville de Cracovie est déclarée libre et indépendante, ainsi que le territoire désigné dans le traité additionnel signé en commun entre les cours de Russie, d'Autriche et de Prusse.

ARTICLE III.

Le duché de Varsovie, à l'exception de la ville libre de Cracovie et de son territoire, ainsi que du rayon, qui sur la rive droite de la Vistule retourne à S. M. l'empereur d'Autriche, et des provinces dont il a été autrement disposé en vertu des articles ci-dessus, est réuni à l'empire de Russie. Il y sera lié irrévocablement par sa constitution, pour être possédé par S. M. l'empereur de toutes les Russies, ses héritiers et ses successeurs à perpétuité. Sa Majesté Impériale se réserve de donner à ces Etats, jouissant d'une administration distincte, l'extension intérieure qu'elle jugera convenable. Elle prendra avec ses autres titres celui de czar, roi de Pologne..... Les Polonais sujets respectifs des hautes parties contractantes obtiendront des institutions qui assurent la conservation de leur nationalité, d'après les formes d'existence politique que chacun des gouvernemens auxquels ils appartiennent, jugera convenable de leur accorder....

ANNEXE E.

Traité additionnel relatif à Cracovie entre l'Autriche, la Prusse et la Russie, du 21 avril (3 mai) 1815.

ARTICLE PREMIER.

La ville de Cracovie avec son territoire sera envisagée à perpétuité comme cité libre, indépendante et strictement neutre, sous la protection des trois hautes parties contractantes.

ARTICLE II.

Le territoire de la ville libre de Cracovie aura pour frontière sur la rive gauche de la Vistule, une ligne qui, commençant au village de Woliça, à l'endroit de l'embouchure d'un ruisseau qui près de ce village se jette dans la Vistule, remontera ce ruisseau par Clo, Koscielniki jusqu'à Czulice, de sorte que ces villages sont compris dans le rayon de la ville libre de Cracovie; de là, en longeant les frontières des villages, continuera par Dziekanowice, Garlice, Tomaszow, Karniowice, qui resteront également dans le territoire de Cracovie, jusqu'au point où commence la limite qui sépare le district de Krzeszowice de celui d'Olkusz; de là elle suivra cette limite entre les deux districts cités, pour aller aboutir aux frontières de la Silésie prussienne.

ARTICLE I.

(Cet article est la répétition textuelle de l'article VIII de l'acte général du congrès de Vienne.)

ARTICLE IV.

Par une suite de cette concession, Sa Majesté Impériale et Royale Autrichienne a résolu de permettre également à la ville de Cracovie d'appuyer ses ponts à la rive droite de la Vistule, aux endroits par lesquels elle a toujours communiqué avec Podgorze, et d'y attacher ses bateaux. L'entretien de la rive, là où ses ponts seront ancrés ou amarrés, sera à ses frais. Elle sera également chargée de l'entretien des ponts ainsi que des bateaux ou prames de passage pour la saison où les ponts ne peuvent point être maintenus. S'il y avait cependant à cet égard relâchement, négligence ou mauvaise volonté dans le service, les trois cours conviendraient, sur des faits constatés à cet égard, d'un mode d'administration pour le compte de la ville, qui écarterait toute espèce d'abus de ce genre pour l'avenir.

ARTICLE V.

Immédiatement après la signature du présent traité, il sera nommé une commission mixte, composée d'un nombre égal de commissaires et d'ingénieurs, pour tracer sur le terrain la ligne de démarcation, placer les poteaux, en décrire les angles et les relèvemens, et lever une carte avec la description des localités, afin que, dans aucun cas, il ne puisse y avoir par la suite ni difficulté, ni doute à cet égard. Les poteaux qui désigneront le territoire de Cracovie devront être numérotés et marqués aux armes des puissances limitrophes et de celles de la ville libre de Cracovie. Les frontières du territoire autrichien, vis-à-vis de celui de Cracovie, étant fermées par le thalweg de la Vistule, les poteaux autrichiens respectifs seront établis sur la rive droite de ce fleuve. Le rayon comprenant le territoire de Podgorze, déclaré libre pour le commerce, sera désigné par des poteaux particuliers, marqués aux armes d'Autriche, avec l'inscription : Rayon libre pour le commerce, *Wolny okrag dla handlu.*

ARTICLE VI.

Les trois cours s'engagent à respecter et à faire respecter en tout temps la neutralité de la ville libre de Cracovie et de son territoire ; aucune force armée ne pourra jamais y être introduite, sous quelque prétexte que ce soit. En revanche, il est entendu et expressément stipulé, qu'il ne pourra être accordé dans la ville libre et sur le territoire de Cracovie aucun asile ou protection à des transfuges, déserteurs ou gens poursuivis par la loi, appartenant aux pays de l'une ou de l'autre des trois puissances contractantes, et que sur la demande d'extradition qui pourra en être faite par les autorités compétentes, de tels individus seront arrêtés sans délai et livrés sous bonne escorte à la garde qui sera chargée de les recevoir à la frontière.

ARTICLE VII.

Les trois cours ayant approuvé la constitution qui devra régir la cité libre de Cracovie et de son territoire, et qui se trouve annexée comme partie intégrante aux présens articles, elles prennent cette constitution sous leur garantie commune.....

(Les articles VIII, IX, X, XI, XII, XIII, XIV, sont relatifs aux droits de barrières et de pontonnage, au passage libre sur le territoire de Cracovie du bois de chauffage, des charbons et de tous les articles de première nécessité pour la consommation, aux droits de propriété et de redevance des paysans dans les terres du clergé et du fisc, aux postes, aux revenus publics, etc.)

ARTICLE XV.

L'Académie de Cracovie est confirmée dans ses priviléges et dans la propriété des bâtimens et de la bibliothèque qui en dépendent, ainsi que des sommes qu'elle possède en terres ou en capitaux hypothéqués. Il sera permis aux habitans des provinces polonaises et limitrophes de se rendre à cette Académie et d'y faire leurs études, dès qu'elle aura pris un développement conforme aux intentions de chacune des trois hautes cours.

ARTICLE XVI.

L'évêché de Cracovie et le chapitre de cette cité libre, ainsi que tout le clergé séculier et régulier, seront maintenus. Les fonds, dotations, immeubles, rentes ou perceptions qui constituent leur propriété, leur seront conservés.

Il sera libre cependant au sénat de proposer aux assemblées de décembre un mode de répartition, différent de celui qui pourrait exister, s'il était prouvé que l'emploi actuel des revenus ne fût point conforme aux intentions des fondateurs, principalement dans ce qui a rapport à l'instruction publique et à la malheureuse position du clergé inférieur. Tout changement à faire devra passer par les mêmes formalités que l'adoption d'une loi d'Etat.

ARTICLE XVII.

La juridiction ecclésiastique de l'évêché de Cracovie, ne devant point s'étendre sur les territoires autrichien et prussien, la nomination de l'évêque de Cracovie est réservée immédiatement à S. M. l'empereur de toutes les Russies, qui, pour cette fois-ci, fera la première nomination d'après son choix. Par la suite, le chapitre et le sénat auront le droit de présenter chacun deux candidats, parmi lesquels sadite Majesté choisira le nouvel évêque.

ARTICLE XVIII.

Un exemplaire des articles ci-dessus, ainsi que de la constitution qui en fait partie principale, sera déposé solennellement par la commission susdite aux archives de la ville libre de Cracovie, comme une preuve permanente des principes généreux, adoptés par les trois hautes puissances en faveur de la cité et du territoire libre de Cracovie.

ARTICLE XIX.

Le présent traité sera ratifié, et les ratifications en seront échangées dans l'espace de six jours.

En foi de quoi, les plénipotentiaires respectifs l'ont signé et y ont apposé le cachet de leurs armes.

Fait à Vienne, le trois mai de l'an de grâce mil huit cent quinze.

Le prince de METTERNICH, le prince de HARDENBERG, le comte de RASUMOWSKI.

ANNEXE F.

Constitution de la ville libre de Cracovie.

ARTICLE PREMIER.

La religion catholique, apostolique et romaine est maintenue comme religion du pays.

ARTICLE II.

Tous les cultes chrétiens sont libres et n'établissent aucune différence dans les droits sociaux.

ARTICLE III.

Les droits actuels des cultivateurs seront maintenus. Devant la loi tous les citoyens sont égaux, et tous en sont également protégés. La loi protége de même les cultes tolérés.

ARTICLE IV.

Le gouvernement de la ville libre de Cracovie, et de son territoire, résidera dans un sénat composé de douze membres appelés sénateurs, et d'un président.

ARTICLE V.

Neuf des sénateurs, y compris le président, seront élus par l'assemblée des représentants. Les quatre autres seront choisis par le chapitre et l'Académie, qui auront le droit de nommer chacun deux de ses membres pour siéger au sénat.

ARTICLE VI.

Six des sénateurs le seront à vie. Le président du sénat restera en fonctions pendant trois ans, mais il pourra être réélu. La moitié des autres sénateurs sortira chaque année du sénat pour faire place aux nouveaux élus; c'est l'âge qui désignera les trois membres qui devront quitter leur place au bout de la première année révolue, c'est-à-dire que les plus jeunes d'âge sortiront les premiers. Quant aux quatre sénateurs délégués par le chapitre et l'Académie, deux d'entre eux resteront en fonctions à vie ; les deux autres seront remplacés au bout de chaque année.

ARTICLE VII.

Les membres du clergé séculier et de l'Université, de même les propriétaires de terres, de maisons, ou de quelque autre réalité, s'ils paient cinquante florins de Pologne d'impôt foncier, les entrepreneurs de fabriques ou de manufactures, les commerçans en gros et tous ceux qui sont inscrits en qualité de membres de la Bourse, les artistes distingués dans les beaux-arts et les professeurs des écoles, auront, dès qu'ils seront entrés dans l'âge requis, le droit politique d'élire. Ils pourront de même être élus, s'ils remplissent d'ailleurs les autres conditions déterminées par la loi.

ARTICLE VIII.

Le sénat nomme aux places administratives et révoque à volonté les fonctionnaires employés par son autorité.

Il nomme de même à tous les bénéfices ecclésiastiques, dont la collation est réservée à l'Etat, à l'exception de quatre places au chapitre, qui seront réservées pour les docteurs des facultés exerçant les fonctions de l'enseignement, et auxquelles nommera l'Académie.

ARTICLE IX.

La ville de Cracovie, avec son territoire, sera partagée en communes de ville et de campagne. Les premières auront chacune, autant que les localités le permettront, deux mille, et les autres trois mille cinq cents âmes au moins. Chacune de ces communes aura un maire, élu librement et chargé d'exécuter les ordres du gouvernement. Dans les communes de campagne il pourra y avoir plusieurs substituts de maire, si les circonstances l'exigent.

ARTICLE X.

Chaque année il y aura au mois de décembre une assemblée des représentans, dont les séances ne pourront être prolongées au-delà de quatre semaines. Cette assemblée exercera toutes les attributions du pouvoir législatif, elle examinera les comptes annuels de l'administration publique, et réglera chaque année le budget. Elle élira les membres du sénat suivant l'article organique arrêté à cet égard. Elle élira de même les juges. Elle aura le droit de mettre en accusation (par une majorité de deux tiers de voix), les fonctionnaires publics, quels qu'ils soient, s'ils se trouvent prévenus de péculat, de concussion ou d'abus dans la gestion de leurs places, et de les traduire par devant la cour suprême de justice.

ARTICLE XI.

L'assemblée des représentans sera composé :

1° Des députés des communes, dont chacune en élira un;

2° De trois membres délégués par le sénat;

3° De trois prélats délégués par le chapitre;

4° De trois docteurs des facultés, délégués par l'Université;

5° De six magistrats conciliateurs en fonctions, qui seront pris à tour de rôle.

Le président de l'assemblée sera choisi d'entre les trois membres délégués par le sénat. Aucun projet de loi, tendant à introduire quelque changement dans une loi ou un réglement existant, ne pourra être proposé à la délibération de l'assemblée des représentans, s'il n'a pas été préalablement communiqué au sénat, et si celui-ci n'a pas agréé la proposition à la pluralité des voix.

ARTICLE XII.

L'assemblée des représentans s'occupera de la formation du Code civil et criminel et de la forme de procédure. Elle désignera incessamment un comité chargé de préparer ce travail, dans lequel on gardera de justes égards aux localités du pays et à l'esprit des habitans. Deux membres du sénat seront réunis à ce comité.

ARTICLE XIII.

Si la loi n'a pas été consentie par les sept huitièmes des représentans, et si le sénat reconnaît, à la pluralité de neuf voix, qu'il y a des raisons d'intérêt public à la soumettre encore une fois à la discussion des législateurs, elle sera renvoyée à la décision de l'assemblée de l'année prochaine. Si le cas concerne les finances, la loi de l'année révolue restera en vigueur jusqu'à l'établissement de la loi nouvelle.

ARTICLE XIV.

Il y aura pour chaque arrondissement, composé au moins de six mille âmes, un magistrat conciliateur nommé par l'assemblée des représentans, son exercice sera fixé à trois ans. Outre son devoir de conciliateur il veillera d'office aux affaires des mineurs, ainsi qu'aux procès qui regardent les fonds et les propriétés appartenans à l'État ou aux instituts publics. Il s'entendra sous ce double rapport avec le plus jeune des sénateurs, à qui sera déféré expressément le soin de veiller aux intérêts des mineurs, et à tout ce qui concerne les causes relatives aux fonds ou aux propriétés de l'État.

ARTICLE XV.

Il y aura une Cour de première instance et une Cour d'appel. Trois juges dans la première et quatre dans la Cour d'appel, y compris leurs présidens seront à vie; les autres juges adjoints à chacune de ces Cours au nombre nécessaire, d'après les localités dépendront de la libre élection des communes, et ne géreront leurs fonctions que pendant un intervalle de temps déterminé par les lois organiques. Ces deux Cours jugeront tous les procès sans distinction de leur nature ou de la qualité des personnes. Si les arrêts des deux instances sont conformes dans leurs décisions, il n'y a plus lieu à l'appel. Si leurs décisions sont discordantes pour le fond, ou bien si l'Académie, après avoir examiné les pièces du procès, reconnaît qu'il y a lieu à la plainte de violation de la loi ou des formes essentielles de procédure, en matière civile, de même dans les arrêts emportant peine capitale ou infamante, l'affaire sera portée encore une fois à la Cour d'appel; mais dans ce cas, au nombre des juges ordinaires, il sera adjoint tous les juges conciliateurs de la ville et quatre individus, dont chacune des parties principales pourra choisir à son gré la moitié parmi les citoyens. La présence de trois juges est nécessaire pour porter la décision en première, celle de cinq en seconde et celle de sept en dernière instance.

ARTICLE XVI.

La Cour suprême, pour les cas prévus à l'art. 10, sera composée :

1° De cinq représentans tirés au sort ;
2° De trois membres du sénat choisis par le corps ;
3° Des présidens des deux Cours de justice ;
4° De quatre magistrats conciliateurs pris à tour de rôle ;
5 De trois citoyens choisis par le fonctionnaire mis en jugement.

La présence de neuf membres est requise pour porter la décision.

ARTICLE XVII.

La procédure est publique en matière civile et criminelle. Dans l'instruction des procès (et en premier lieu de ceux qui sont strictement criminels), on appliquera l'institution des jurés, en l'adaptant aux localités du pays, à la culture et au caractère des habitans.

ARTICLE XVIII.

L'ordre judiciaire est indépendant.

ARTICLE XIX.

A la fin de la sixième année, à dater de la publication du statut constitutionnel, les conditions pour devenir sénateur, par l'élection des représentans, seront :

1° D'avoir l'âge de trente-cinq ans accomplis ;

2° D'avoir fait ses études complètes dans une des Académies situées dans l'étendue de l'ancien royaume de Pologne ;

3° D'avoir géré les fonctions de maire pendant deux ans, celle de juge pendant deux ans, et celle de représentant pendant deux sessions de l'assemblée ;

4° D'avoir une propriété immeuble taxée à 150 florins de Pologne d'impôt territorial, et qui a été acquise au moins un an avant l'élection.

Les conditions pour devenir juge seront :

1° D'avoir l'âge de trente ans accomplis ;

2° D'avoir fait ses études complètes dans une des Académies précitées et obtenu le grade de docteur ;

3° D'avoir travaillé pendant un an près d'un greffier, et d'avoir également pratiqué durant une année près d'un avocat ;

4° D'avoir une propriété immeuble de la valeur de 8,000 florins de Pologne acquise au moins un an avant l'élection.

Pour devenir juge de la seconde instance ou président de l'une ou de l'autre Cour, il faudra, outre ces conditions, avoir fait les fonctions de juge de première instance ou celles de magistrat conciliateur, pendant deux ans, et avoir été une fois représentant.

Pour être élu représentant d'une commune, il faudra :

1° Avoir vingt-six ans accomplis ;

2° Avoir fait le cours complet d'études à l'Académie de Cracovie ;

3° Avoir une propriété immeuble taxée à 80 florins de Pologne, et acquise au moins un an avant l'élection.

Toutes ces conditions, exprimées à l'article présent, ne seront plus applicables à ceux qui, durant l'existence du duché de Varsovie, avaient géré des fonctions dépendantes de la nomination du roi ou de l'élection des diétines, ni à ceux qui maintenant les auront de l'autorité des souverains contractans. Ils auront plein droit d'être nommés ou élus à toutes les places.

ARTICLE XX.

Tous les actes du gouvernement, de la législation et des cours judiciaires seront rédigés en langue polonaise.

ARTICLE XXI.

Les revenus et les dépenses de l'Académie feront partie du budget général de la ville et du territoire libre de Cracovie.

ARTICLE XXII.

Le service intérieur de sûreté et de police se fera par un détachement suffisant de la milice municipale. Ce détachement sera relevé alternativement et commandé par un officier de ligne, qui, ayant servi avec distinction, acceptera ce genre de retraite.

Il sera armé et monté un nombre suffisant de gendarmes pour la sûreté des chemins et des campagnes.

Fait à Vienne, le 3 mai de l'an de grâce 1815.

Le prince de METTERNICH, le prince de HARDENBERG, le comte de RASUMOWSKI.

ANNEXE G.

Actes du congrès de Vienne sur la Saxe.

ARTICLE XV.

S. M. le roi de Saxe renonce à perpétuité, pour lui et tous ses descendans et successeurs en faveur de S. M. le roi de Prusse, à tous ses droits et titres sur les provinces, districts et territoires, ou parties de territoire du royaume de Saxe désignés ci-après; et S. M. le roi de Prusse possédera ces pays en toute souveraineté et propriété, et les réunira à sa monarchie. Ces districts et territoires ainsi cédés seront séparés du reste du royaume de Saxe par une ligne qui fera désormais la frontière entre les deux territoires prussien et saxon, de manière que tout ce qui est compris dans la délimitation formée par cette ligne, sera restitué à S. M. le roi de Saxe; mais que S. M. le roi de Saxe renonce à tous les districts et territoires qui seraient situés au-delà de cette ligne, et qui lui auraient appartenu avant la guerre (Suit la délimitation de cette ligne).

ARTICLE XVI.

Les provinces et districts du royaume de Saxe qui passent sous la domination de S. M. le roi de Prusse, seront désignés par le nom de duché de Saxe, Sa Majesté ajoutera à ses titres ceux du duc de Saxe, landgrave de Thuringe, margrave des deux Lusaces et comte de Henneberg. S. M. le roi de Saxe continuera à porter le titre de margrave de la haute Lusace. Sa Majesté continuera de même, relativement et en vertu de ses droits de succession éventuelle sur les possessions de la branche Ernestine, à porter ceux de landgrave de Thuringe et de comte de Henneberg.

ANNEXE H.

Formation du royaume des Pays-Bas.

ARTICLE LXV.

Les anciennes provinces unies des Pays-Bas et les ci-devant provinces belgiques, les unes et les autres dans les limites fixées par l'article suivant, formeront conjointement et les territoires désignés dans le même article, sous la souveraineté de S. A. R. le prince d'Orange-Nassau, prince souverain des provinces unies, le royaume des Pays-Bas, héréditaire dans l'ordre de succession déjà établi par l'acte de constitution desdites Provinces-Unies. Le titre et les prérogatives de la dignité royale sont reconnus par toutes les puissances dans la maison d'Orange-Nassau.

ARTICLE LXVI.

La ligne, comprenant les territoires qui composeront le

royaume des Pays-Bas, est déterminée de la manière suivante (suit le tracé de cette ligne de démarcation).

ARTICLE LXVII.

La partie de l'ancien duché de Luxembourg, comprise dans les limites spécifiées par l'article suivant, est également cédée au prince souverain des Provinces-Unies, aujourd'hui roi des Pays-Bas, pour être possédée à perpétuité par lui et ses successeurs en toute propriété et souveraineté. Le souverain des Pays-Bas ajoutera à ses titres celui de grand duc de Luxembourg et la faculté est réservée à Sa Majesté de faire, relativement à la succession dans le grand duché, tel arrangement de famille, entre les princes ses fils, qu'elle jugera conforme aux intérêts de sa monarchie et à ses intentions paternelles.

Le grand duché de Luxembourg, servant de compensation pour les principautés de Nassau-Dillenbourg, Siegen, Hadamar et Dietz, formera un des États de la Confédération germanique; et le prince, roi des Pays-Bas, entrera dans le système de cette Confédération comme grand duc de Luxembourg, avec toutes les prérogatives et priviléges dont jouiront les autres princes allemands.

La ville de Luxembourg sera considérée sous le rapport militaire comme forteresse de la Confédération. Le grand duc aura toutefois le droit de nommer le gouverneur et commandant militaire de cette forteresse, sauf l'approbation du pouvoir exécutif de la Confédération, et sous telles autres conditions qu'il sera jugé nécessaire d'établir en conformité de la constitution future de ladite Confédération.

ARTICLE LXVIII.

(Cet article détermine les frontières du grand duché de Luxembourg.)

ARTICLE LXIX.

S. M. le roi des Pays-Bas, grand duc de Luxembourg possédera à perpétuité pour lui et ses successeurs la souveraineté pleine et entière de la partie du duché de Bouillon non cédée à la France par le traité de Paris, et sous ce rapport elle sera réunie au grand duché de Luxembourg.

Des contestations s'étant élevées sur ledit duché de Bouillon, celui des compétiteurs dont les droits seront légalement constatés, possédera en toute propriété ladite partie du duché, telle qu'elle l'a été par le dernier duc, sous la souveraineté de S. M. le roi des Pays-Bas, grand duc de Luxembourg.

ANNEXE I.

Francfort.

ARTICLE XLVI.

La ville de Francfort, avec son territoire tel qu'il se trouvait en 1803, est déclarée libre et fera partie de la ligue germanique. Ses institutions seront basées sur le principe d'une parfaite égalité des droits entre les différens cultes de la religion chrétienne. Cette égalité de droits s'étendra à tous les droits civils et politiques, et sera observée dans tous les rapports du gouvernement et de l'administration. Les discussions qui pourront s'élever, soit sur l'établissement de la constitution, soit sur son maintien, seront du ressort de la diète germanique, et ne pourront être décidées que par elle.

ANNEXE J.

Confédération germanique.

ARTICLE LIII.

Les princes souverains et les villes libres de l'Allemagne, en comprenant dans cette transaction Leurs Majestés l'empereur d'Autriche, les rois de Prusse, de Danemark et des Pays-Bas, et momentanément :

L'empereur d'Autriche et le roi de Prusse, pour toutes celles de leurs possessions qui ont anciennement appartenu à l'empire germanique ;

Le roi de Danemark pour le duché de Holstein ; le roi des Pays-Bas, pour le grand duché de Luxembourg, établissent entre eux une Confédération perpétuelle qui portera le nom de Confédération germanique.

ARTICLE LIV.

Le but de cette Confédération est le maintien de la sûreté extérieure et intérieure de l'Allemagne, de l'indépendance et de l'inviolabilité des États confédérés.

ARTICLE LV.

Les membres de la Confédération, comme tels, sont égaux en droit ; ils s'obligent tous également à maintenir l'acte qui constitue leur union.

ARTICLE LVI.

Les affaires de la Confédération seront confiées à une diète fédérative, dans laquelle tous les membres voteront par leurs plénipotentiaires, soit individuellement, soit collectivement, de la manière suivante, sans préjudice de leur rang :

1. Autriche	1 voix.
2. Prusse	1
3. Bavière.	1
4. Saxe	1
5. Hanovre.	1
6. Wurtemberg	1
A reporter	6

Report	6
7. Bade	1
8. Hesse-Electorale.	1
9. Grand duché de Hesse	1
10. Danemark pour Holstein	1
11. Pays-Bas pour Luxembourg . . .	1
12. Maisons grand-Ducal et Ducales de Saxe.	1
13. Brunswick et Nassau	1
14. Mecklembourg-Schwerin et Strelitz .	1
15. Holstein - Oldenbourg, Anhalt et Schwarzbourg	1
16. Hohenzollern, Liechtenstein, Reuss, Schaumbourg-Lippe, Lippe et Waldeck.	1
17. Les villes libres de Lubeck, Francfort, Brême et Hambourg. . . .	1
Total	17 voix.

ARTICLE LVII.

L'Autriche présidera la diète fédérative. Chaque État de la Confédération a le droit de faire des propositions, et celui qui préside est tenu à les mettre en délibération dans un espace de temps qui sera fixé.

ARTICLE LVIII.

Lorsqu'il s'agira des lois fondamentales à porter ou de changemens à faire dans les lois fondamentales de la Confédération, de mesures à prendre par rapport à l'acte fédératif même, d'institutions organiques ou d'autres arrangemens d'un intérêt commun à adopter, la diète se formera en assemblée générale, et dans ce cas la distribution des voix aura lieu de la manière suivante, calculée sur l'étendue respective des États individuels :

L'Autriche aura	4 voix.
La Prusse	4
La Saxe.	4
La Bavière.	4
Le Hanovre	4
Le Wurtemberg	4
Bade.	3
Hesse-Electorale	3
Grand duché de Hesse.	3
Holstein.	3
Luxembourg	3
Brunswick	2
Mecklembourg-Schwerin	2
Nassau	2
A reporter	45

ANNEXES ET PIÈCES JUSTIFICATIVES.

Report	45
Saxe-Weimar	1
— Gotha	1
— Cobourg	1
— Meinungen	1
— Hildburghausen.	1
Mecklembourg-Strelitz	1
— Holstein-Oldenbourg	1
Anhalt-Dessau	1
— Bernbourg	1
— Kothen	1
Schwarzbourg-Sondershausen	1
— Rudolstadt	1
Hohenzollern-Hechingen	1
Liechtenstein	1
Hohenzollern-Sigmaringen	1
Waldeck	1
Reuss-Branche-aînée	1
— Branche cadette	1
Schaumbourg-Lippe	1
Lippe	1
La ville libre de Lubeck	1
— Francfort	1
— Brême.	1
— Hambourg	1
Total	69 voix.

La diète, en s'occupant des lois organiques de la Confédération, examinera si on doit accorder quelques voix collectives aux anciens États de l'empire médiatisés.

ARTICLE LIX.

La question si une affaire doit être discutée par l'assemblée générale, conformément aux principes ci-dessus établis, sera décidée dans l'assemblée ordinaire à la pluralité des voix.

La même assemblée préparera les projets de résolution qui doivent être portés à l'assemblée générale, et fournira à celle-ci tout ce qu'il lui faudra pour les adopter ou les rejeter. On décidera par la pluralité des voix, tant dans l'assemblée ordinaire que dans l'assemblée générale, avec la différence toutefois, que dans la première, il suffira de la pluralité absolue, tandis que dans l'autre les deux tiers des voix seront nécessaires pour former la pluralité. Lorsqu'il y aura parité de voix dans l'assemblée ordinaire, le président décidera la question. Cependant chaque fois qu'il s'agira d'acceptation ou de changement de lois fondamentales, d'institutions organiques, de droits individuels ou d'affaires de religion, la pluralité des voix ne suffira pas, ni dans l'assemblée ordinaire, ni dans l'assemblée générale.

La diète est permanente; elle peut cependant, lorsque les objets soumis à sa délibération se trouvent terminés, s'ajourner à une époque fixe, mais pas au-delà de quatre mois.

Toutes les dispositions ultérieures, relatives à l'ajournement et à l'expédition des affaires pressantes qui pourraient survenir pendant l'ajournement, sont réservées à la diète, qui s'en occupera lors de la rédaction des lois organiques.

ARTICLE LX.

Quant à l'ordre dans lequel voteront les membres de la Confédération, il est arrêté que, tant que la diète sera occupée de la rédaction des lois organiques, il n'y aura aucune règle à cet égard, et quel que soit l'ordre que l'on observera, il ne pourra ni préjudicier à aucun des membres, ni établir un principe pour l'avenir. Après la rédaction des lois organiques, la diète délibérera sur la manière de fixer cet objet par une règle permanente, pour laquelle elle s'écartera le moins possible de celles qui ont eu lieu à l'ancienne diète, et notamment d'après le recès de la députation de l'Empire de 1803. L'ordre que l'on adoptera n'influera d'ailleurs en rien sur le rang et la préséance des membres de la Confédération hors leurs rapports avec la diète.

ARTICLE LXI.

La diète siégera à Francfort-sur-le-Mein. Son ouverture est fixée au 1er septembre 1815.

ARTICLE LXII.

Le premier objet à traiter par la diète, après son ouverture, sera la rédaction des lois fondamentales de la Confédération et de ses institutions organiques relativement à ses rapports extérieurs, militaires et intérieurs.

ARTICLE LXIII.

Les États de la Confédération s'engagent à défendre non-seulement l'Allemagne entière, mais aussi chaque État individuel de l'union en cas qu'il fût attaqué, se garantissant mutuellement toutes celles de leurs possessions qui se trouvent comprises dans cette union.

Lorsque la guerre est déclarée par la Confédération, aucun membre ne peut entamer des négociations particulières avec l'ennemi, ni faire la paix ou un armistice sans le consentement des autres.

Les États confédérés s'engagent de même à ne se faire la guerre sous aucun prétexte, et à ne point poursuivre leurs différends par la force des armes, mais à les soumettre à la diète. Celle-ci essaiera, moyennant une commission, la voie de la médiation; si elle ne réussit pas, et qu'une sentence juridique devienne nécessaire, il y sera pourvu par un jugement austrégal *(austrägalinstanz)* bien organisé, auquel les parties litigantes se soumettront sans appel.

ANNEXES ET PIÈCES JUSTIFICATIVES.

Prusse.

ARTICLE XXV.

S. M. le roi de Prusse possédera en toute propriété et souveraineté les pays situés sur la rive gauche du Rhin et compris dans la frontière ci-après désignée (suit cette délimitation, depuis modifiée et agrandie par les traités de Paris du 20 novembre 1815).

S. M. le roi de Prusse, en réunissant à ses Etats les provinces et districts désignés dans le présent article, entre dans tous les droits et prend sur lui toutes les charges et tous les engagemens stipulés, par rapport à ces pays détachés de la France, dans le traité de Paris du 30 mai 1814.

Les provinces prussiennes sur les deux rives du Rhin, jusqu'au-dessus de la ville de Cologne qui se trouvera encore comprise dans cet arrondissement, porteront le nom de grand duché du Bas-Rhin, et Sa Majesté en prendra le titre.

Bavière.

ARTICLE XLIV.

S. M. le roi de Bavière possédera pour lui, ses héritiers et successeurs en toute propriété et souveraineté le grand duché de Vurtzbourg, tel qu'il fut possédé par

S. M. I. l'archiduc Ferdinand d'Autriche, et la principauté d'Aschaffenbourg telle qu'elle a fait partie du grand duché de Francfort sous la dénomination de département d'Aschaffenbourg.

Formation du royaume de Hanovre.

ARTICLE XXVI.

S. M. le roi du royaume uni de la Grande-Bretagne et d'Irlande, ayant substitué à son ancien titre d'électeur du saint empire romain, celui de roi de Hanovre, et ce titre ayant été reconnu par les puissances de l'Europe et par les princes et villes libres de l'Allemagne, les pays qui ont composé jusqu'ici l'électorat de Brunswick-Lunébourg, tels que leurs limites ont été reconnues et fixées pour l'avenir, par les articles suivans, formeront dorénavant le royaume de Hanovre.

ARTICLE XXVII.

S. M. le roi de Prusse cède à S. M. le roi du royaume uni de la Grande-Bretagne et d'Irlande, roi de Hanovre, pour être possédé par Sa Majesté et ses successeurs en toute propriété et souveraineté:

1° La principauté de Hildeshein qui passera sous la domination de Sa Majesté avec tous les droits et toutes les charges avec lesquelles ladite principauté a passé sous la domination prussienne;

2° La ville et le territoire de Goslar;

3° La principauté d'Ost-Frise, y compris le pays dit le Harlinger-Land, sous les conditions réciproques stipulées à l'article xxx pour la navigation de l'Ems et le commerce par le port d'Embden. Les Etats de la principauté conserveront leurs droits et privilèges;

4° Le comté inférieur (*niedere Grafschaft*) de Lingen, et la partie de la principauté de Munster prussienne qui est située entre ce comté et la partie de Rheina-Wolbeck occupée par le gouvernement hanovrien. Mais comme on est convenu que le royaume de Hanovre obtiendra par cette session un agrandissement renfermant une population de 22,000 âmes, et que le comté inférieur de Lingen et la partie de la principauté de Munster ici mentionnée pourraient ne pas répondre à cette condition, Sa Majesté le roi de Prusse s'engage à faire étendre la ligne de démarcation dans la principauté de Munster autant qu'il sera nécessaire pour renfermer ladite population.

Sa Majesté prussienne renonce à perpétuité pour elle, ses descendans et successeurs aux provinces et territoires mentionnés dans le présent article, ainsi qu'à tous les droits qui y sont relatifs.

ANNEXE K.

Royaume de Sardaigne.

ARTICLE LXXXV.

Les limites des Etats de S. M. le roi de Sardaigne seront du côté de la France, telles qu'elles existaient au 1er janvier 1792, à l'exception des changemens portés par le traité de Paris du 30 mai 1814 (suit la fixation de ces limites du côté de l'Autriche, de la Suisse, et des États de Parme et de Plaisance).

ARTICLE LXXXVI.

Les États qui ont composé la ci-devant république de Gênes sont réunis à perpétuité aux États de S. M. le roi de Sardaigne, pour être comme ceux-ci possédés par elle en toute souveraineté, propriété et hérédité de mâle en mâle, par ordre de primogéniture, dans les deux branches de sa maison, savoir, la branche royale et la branche de Savoie-Carignan.

ARTICLE LXXXVII.

S. M. le roi de Sardaigne joindra à ses titres actuels celui de duc de Gênes.

ARTICLE LXXXVIII.

Les Génois jouiront de tous les droits et priviléges spécifiés dans l'acte intitulé : *Conditions qui doivent servir de bases à la réunion des États de Gênes à ceux de Sa Majesté Sarde*, annexé à ce traité général.

ARTICLE LXXXIX.

Les pays nommés fiefs impériaux, qui avaient été réunis à la ci-devant république Ligurienne, sont réunis définitivement aux États de S. M. le roi de Sardaigne de la même manière que le reste des États de Gênes ; et les habitans de ces pays jouiront des mêmes droits et priviléges que ceux des États de Gênes désignés dans l'article précédent.

Autriche.

ARTICLE LI.

Tous les territoires et possessions, tant sur la rive gauche du Rhin, dans les ci-devant départemens de la Sarre et du Mont-Tonnerre, que dans les ci-devant départemens de Fulde et de Francfort, ou enclavés dans les pays adjacens mis à la disposition des puissances alliées par le traité de Paris du 30 mai 1814, dont il n'a pas été disposé par les articles du présent traité passent en toute souveraineté et propriété sous la domination de S. M. l'empereur d'Autriche.

ARTICLE LII.

La principauté d'Isenbourg est placé sous la souveraineté de Sa Majesté Impériale et Royale Apostolique, et sera envers elle dans les rapports que la constitution fédérative de l'Allemagne réglera pour les États médiatisés.

ARTICLE XCIII.

Par suite des renonciations stipulés dans le traité de Paris du 30 mai 1814, les puissances signataires du présent traité reconnaissent à S. M. l'empereur d'Autriche, ses héritiers et successeurs, comme souverain légitime des provinces et territoires qui avaient été cédés, soit en tout, soit en partie, par les traités de Campo-Formio de 1797, de Lunéville de 1801, de Presbourg de 1805, par la convention additionnelle de Fontainebleau de 1807, et par la traité de Vienne de 1809, et dans la possession desquelles provinces et territoires Sa Majesté Impériale et Royale Apostolique est rentrée par suite de la dernière guerre, tels que : l'Istrie tant autrichienne que ci-devant vénitienne, la Dalmatie, les îles ci-devant vénitiennes de l'Adriatique, les bouches du Cattaro, la ville de Venise, les Lagunes, de même que les autres provinces et districts de la terre ferme des États ci-devant vénitiens sur la rive gauche de l'Adige, les duchés de Milan et de Mantoue, les principautés de Brixen et de Trente, le comté de Tyrol, le Vorarlberg, le Frioul autrichien, le Frioul ci-devant vénitien, le territoire de Montefalcone, le gouvernement et la ville de Trieste, la Carniole, la haute Carinthie, la Croatie à la droite de la Save, Fiume et le littoral hongrois, et le district de Castu .

ARTICLE CXIV.

Sa Majesté Impériale et Royale Apostolique réunira à sa monarchie pour être possédés par elle et ses successeurs en toute propriété et souveraineté :

1° Outre les parties de la terre ferme des États vénitiens, dont il a été fait mention dans l'article précédent, les autres parties desdits États, ainsi que tout autre territoire qui se trouve situé entre le Tessin, le Pô et la mer Adriatique.

2° Les vallées de la Valteline, de Bormio et de Chiavenna.

3° Les territoires ayant formé la ci-devant république de Raguse.

En conséquence des stipulations arrêtées dans les articles précédens, les frontières des États de Sa Majesté Impériale et Royale Apostolique en Italie, seront :

1° Du côté des États de S. M. le roi de Sardaigne, telles qu'elles étaient au 1er janvier 1792.

2° Du côté des États de Parme, Plaisance et Guastalla, le cours du Pô, la ligne de démarcation suivant le thalweg de ce fleuve.

3° Du côté des États de Modène, les mêmes qu'elles étaient au 1er janvier 1792.

4° Du côté des États du pape, le cours du Pô jusqu'à l'embouchure du Goro.

5° Du côté de la Suisse, l'ancienne frontière de la Lombardie, et celle qui sépare les vallées de la Valteline, de Bormio et de Chiavenna, des cantons des Grisons et du Tessin.

Duché de Modène, duché de Massa et Carrara.

ARTICLE XCVIII.

S. A. R. l'archiduc François d'Este, ses héritiers et successeurs, posséderont en toute propriété et souveraineté les duchés de Modène, de Reggio et de Mirandole, dans la même étendue qu'ils étaient à l'époque du traité de Campo-Formio.

S. A. R. l'archiduchesse Marie-Béatrix d'Este, ses héritiers et successeurs, posséderont en toute souveraineté et propriété le duché de Massa et la principauté de Carrara, ainsi que les fiefs impériaux dans la Lunigiana. Ces derniers pourront servir à des échanges ou autres arrangemens de gré à gré avec S. A. I. le grand-duc de Toscane, selon la convenance réciproque.

Les droits de succession et réversion établis dans les branches des archiducs d'Autriche relativement au duché de Modène, de Reggio et Mirandole, ainsi que des principautés de Massa et de Carrara, sont conservés.

Grand duché de Toscane.

ARTICLE C.

S. A. I. l'archiduc Ferdinand d'Autriche est rétabli, tant pour lui que pour ses héritiers et successeurs, dans tous les droits de souveraineté et propriété sur le grand-duché de Toscane et ses dépendances, ainsi que S. A. I. les a possédés antérieurement au traité de Lunéville.

Les stipulations de l'article 2 du traité de Vienne du 3 octobre 1735 entre l'empereur Charles VI et le roi de France, auxquelles accédèrent les autres puissances, sont pleinement rétablies en faveur de S. A. I. et ses descendans, ainsi que les garanties résultant de ces stipulations.

Il sera en outre réuni audit grand duché, pour être possédé en toute propriété et souveraineté par S. A. I. et R. le grand-duc Ferdinand et ses héritiers et descendans :

1° L'Etat des Présides ;

2° La partie de l'île d'Elbe et de ses appartenances qui était sous la suzeraineté de S. M. le roi des Deux-Siciles avant l'année 1801 ;

3° La suzeraineté et la souveraineté de la principauté de Piombino et de ses dépendances ;

4° Les ci-devant fiefs impériaux de Vernio, Montanto et Monte-Santa-Maria, enclavés dans les États toscans.

Duché de Parme, Plaisance et Guastalla.

ARTICLE XCIX.

S. M. l'impératrice Marie-Louise possédera en toute propriété et souveraineté les duchés de Parme, de Plaisance et de Guastalla, à l'exception des districts enclavés dans les États de Sa Majesté Impériale et Royale Autrichienne sur la rive gauche du Pô.

La réversibilité de ces pays sera déterminée de commun accord entre les cours d'Autriche, de Russie, de France, d'Espagne, d'Angleterre et de Prusse, toutefois ayant égard aux droits de réversion de la maison d'Autriche et de S. M. le roi de Sardaigne sur lesdits pays.

Duché de Lucques.

ARTICLE CI.

La principauté de Lucques sera possédée en toute souveraineté par S. M. l'infante Marie-Louise et ses descendans en ligne directe et masculine. Cette principauté est érigée en duché, et conservera une forme de gouvernement basée sur les principes de celle qu'elle avait reçue en 1805. Il sera ajouté aux revenus de la principauté de Lucques une rente de 500,000 francs que S. M. l'empereur d'Autriche et S. A. I. et R. le grand-duc de Toscane s'engagent à payer régulièrement aussi long-temps que les circonstances ne permettront pas de procurer à S. M. l'infante Marie-Louise et à son fils et à ses descendans un autre établissement.

ARTICLE CII.

Le duché de Lucques sera réversible au grand-duc de Toscane, soit dans le cas qu'il devînt vacant par la mort de S. M. l'infante Marie-Louise ou de son fils don Carlos et de leurs descendans mâles et directs, soit dans celui que l'infante Marie-Louise ou ses descendans obtinssent un autre établissement ou succédassent à une autre branche de leur dynastie.

Toutefois, le cas de réversion échéant, le grand-duc de Toscane s'engage à céder, dès qu'il entrera en possession de la principauté de Lucques, au duc de Modène les territoires suivans :

1° Les districts toscans de Fivizano, Pietra-Santa et Barga ;

2° Les districts lucquois de Castiglione et Gallicano, enclavés dans les États de Modène, ainsi que ceux de Minucciano et Monte-Ignosa, contigus au pays de Massa.

États du Saint-Siége.

ARTICLE CIII.

Les Marches, avec Camerino et leurs dépendances, ainsi que le duché de Bénévent et la principauté de Ponte-Corvo, sont rendus au Saint-Siége.

Le Saint-Siége rentrera en possession des légations de Ravenne, de Bologne et de Ferrare, à l'exception de la partie du Ferrarais située sur la rive gauche du Pô.

Sa Majesté Impériale et Royale Autrichienne et ses successeurs auront droit de garnison dans les places de Ferrare et de Comacchio.

Royaume des Deux-Siciles.

ARTICLE CIV.

S. M. le roi Ferdinand IV est rétabli, tant pour lui que pour ses héritiers et successeurs, sur le trône de Naples, et reconnu par les puissances comme roi du royaume des Deux-Siciles.

ANNEXE L.

Confédération suisse.

ARTICLE LXXIV.

L'intégrité des dix-neuf cantons, tels qu'ils existaient en corps politique, lors de la convention du 29 décembre 1813, est reconnu comme base du système helvétique.

ARTICLE LXXV.

Le Valais, le territoire de Genève, la principauté de Neufchâtel sont réunis à la Suisse, et formeront trois nouveaux cantons. La vallée de Dappes, ayant fait partie du canton de Vaud, lui est rendue.

ARTICLE LXXVI.

L'évêché de Bâle et la ville et le territoire de Bienne seront réunis à la Confédération helvétique, et feront partie du canton de Berne....

ARTICLE LXXVII.

Les habitans de l'évêché de Bâle et ceux de Bienne, réunis aux cantons de Berne et de Bâle, jouiront à tous égards, sans différence de religion (qui sera conservée dans l'état présent), des mêmes droits politiques et civils dont jouissent et pourront jouir les habitans des anciennes parties desdits cantons. En conséquence, ils concourront avec eux aux places de représentans, et aux autres fonctions, suivant les constitutions cantonnales....

ARTICLE LXXVIII.

(Cet article porte que l'empereur d'Autriche confirme la disposition qu'il a faite de la seigneurie de Razüns, enclavée dans le pays des Grisons, en faveur du canton des Grisons.)

ARTICLE LXXIX.

Pour assurer les communications commerciales et militaires de Genève avec le canton de Vaud et le reste de la Suisse, et pour compléter à cet égard l'art. 4 du traité de Paris du 30 mai 1814, Sa Majesté Très Chrétienne consent à faire placer la ligne des douanes de manière à ce que la route qui conduit de Genève par Versoy en Suis e, soit en tout temps libre, et que, ni les postes, ni les voyageurs, ni les transports de marchandises, n'y soient inquiétés par aucune visite de douanes, ni soumis à aucun droit. Il est également entendu que le passage des troupes suisses ne pourra y être aucunement entravé.

ARTICLE LXXX.

(Cet article porte cession de territoires par le roi de Sardaigne au canton de Genève.)

Les art. LXXXI, LXXXII et LXXXIII sont relatifs à des mesures de finances, entre quelques cantons et aux fonds placés en Angleterre par les cantons de Zurich et de Berne.

ARTICLE LXXXIV.

La déclaration adressée, en date du 20 mars, par les puissances qui ont signé le traité de Paris, à la diète de la Confédération suisse, et acceptée par la diète moyennant son acte d'adhésion du 27 mai, est confirmée dans toute sa teneur, et les principes établis, ainsi que les arrangemens arrêtés dans ladite déclaration, seront invariablement maintenus.

Déclaration des puissances sur les affaires de la Confédération helvétique, du 20 mars 1815.

Les puissances appelées à intervenir dans l'arrangement des affaires de la Suisse, pour l'exécution de l'art. 6 du traité de Paris du 30 mai 1814, ayant reconnu que l'intérêt général réclame en faveur du corps helvétique l'avantage d'une neutralité perpétuelle, et voulant, par des restitutions territoriales et des cessions, lui fournir les moyens d'assurer son indépendance et maintenir sa neutralité;

Après avoir recueilli toutes les informations sur les intérêts des différens cantons, et pris en considération les demandes qui leur ont été adressées par la légation helvétique;

Déclarent :

Que, dès que la diète helvétique aura donné son accession en bonne et due forme, aux stipulations renfermées dans la présente transaction, il sera fait un acte portant la reconnaissance et la garantie, de la part de toutes les puissances, de la neutralité perpétuelle de la Suisse dans ses nouvelles frontières, lequel acte fera partie de celui qui, en exécution de l'art. 32 du susdit traité de Paris du 30 mai, doit compléter les dispositions de ce traité.

(Suivent huit articles dont les dispositions sont insérées dans l'acte général du congrès de Vienne.)

ARTICLE IX.

....Pour consolider de plus en plus le repos de la Suisse, les puissances désirent qu'une amnistie générale soit accordée à tous les individus qui, induits en erreur par une époque d'incertitude et d'irritation, ont pu agir, de quelque manière que ce soit, contre l'ordre existant. Loin d'affaiblir l'autorité légitime des gouvernemens, cet acte de clémence leur donnera de nouveaux titres à exercer cette sévérité salutaire contre quiconque oserait à l'avenir susciter des troubles dans le pays.

Enfin, les puissances intervenantes aiment à se persuader que le patriotisme et le bon jugement des Suisses leur prescriront la convenance, ainsi que la nécessité, de se sacrifier mutuellement le souvenir des différends qui les ont divisés, et de consolider l'œuvre de leur réorganisation en travaillant à la perfection dans un esprit conforme au bien de tous, sans aucun retour sur le passé.

La présente déclaration a été insérée au protocole du congrès réuni à Vienne, dans sa séance du 17 mars 1815.

Fait et certifié véritable par les plénipotentiaires des huit puissances signataires du traité de Paris, à Vienne le 20 mars 1815.

Acte d'accession de la diète de la Confédération suisse à la déclaration des puissances.

1. La diète accède, au nom de la Confédération suisse, à la déclaration des puissances réunies au congrès de Vienne, en date du 20 mars 1815, et promet que les stipulations de la transaction insérée dans cet acte seront fidèlement et religieusement observées.

2. La diète exprime la gratitude éternelle de la nation suisse envers les hautes puissances qui, par la déclaration susdite, lui rendent, avec une démarcation plus favorable, d'anciennes frontières importantes, réunissent trois nouveaux cantons à son alliance, et promettent solennellement de reconnaître et de garantir la neutralité perpétuelle que l'intérêt général de l'Europe réclame en faveur du corps helvétique. Elle témoigne les mêmes sentimens de reconnaissance pour la bienveillance soutenue avec laquelle les augustes souverains se sont occupés de la conciliation des différends qui s'étaient élevés entre les cantons.

3. En suite du présent acte d'accession et de la note adressée aux envoyés suisses, à Vienne le 20 mars 1815, par le prince de Metternich, président des conférences des huit puissances, la diète exprime le vœu, que les ministres de Leurs Majestés résidans en Suisse veuillent, en vertu

des instructions et des pouvoirs qu'ils ont reçus, donner suite aux dispositions de la déclaration du 20 mars, et compléter l'exécution des engagemens qui y sont énoncés.

En foi de quoi les présentes ont été signées et scellées à Zurich, le 29 mai 1815.

Le bourgmestre du canton de Zurich, président,

Signé : DE WYSS.

Le chancelier de la Confédération,

Contresigné : MOUSSON.

ANNEXE M.

Traité secret entre l'Autriche, l'Angleterre et la France, conclu à Vienne le 3 février 1815.

Leurs Majestés l'empereur d'Autriche, le roi de France et le roi du royaume-uni de la Grande-Bretagne et d'Irlande, convaincus que les puissances qui avaient à compléter les dispositions du traité de Paris, devaient être maintenues dans un état de sécurité et d'indépendance parfaites, pour pouvoir fidèlement et dignement s'acquitter d'un si important devoir, regardant en conséquence comme nécessaire, à cause des prétentions récemment manifestées, de pourvoir aux moyens de repousser toute agression à laquelle leurs propres possessions, ou celles de l'un d'eux, pourraient se trouver exposées en haine des propositions qu'ils auraient cru de leur devoir de faire et de soutenir d'un commun accord par principe de justice et d'équité et n'ayant pas moins à cœur de compléter les dispositions du traité de Paris de la manière la plus conforme qu'il serait possible à son véritable sens et esprit, à ces fins, ont résolu de faire entre eux une convention solennelle, et de conclure une alliance défensive.....

ARTICLE PREMIER.

Les hautes puissances contractantes s'engagent réciproquement, et chacune d'elles envers les autres, à agir de concert, avec le plus parfait désintéressement et la plus complète bonne foi, pour faire qu'en exécution du traité de Paris, les arrangemens, qui doivent en compléter les dispositions, soient effectués de la manière la plus conforme qu'il sera possible au véritable esprit de ce traité; que si, par la suite et en haine des propositions qu'elles feront et soutiendront d'un commun accord, leurs possessions étaient attaquées, alors, et dans ce cas, elles s'engagent à se tenir pour attaquées toutes trois, à faire cause commune entre elles et à s'assister mutuellement pour repousser une telle agression, avec toutes les forces spécifiées ci-après.

ARTICLE II.

Si par le motif exprimé ci-dessus, et pouvant seul amener le cas de la présente alliance, l'une des hautes parties contractantes se trouvait menacée par une ou plusieurs puissances, les deux autres parties devront, par une intervention amicale, s'efforcer, autant qu'il sera en elles, de prévenir l'agression.

ARTICLE III.

Dans le cas où leurs efforts pour y parvenir seraient insuffisans, les autres puissances contractantes promettent de venir immédiatement au secours de la puissance attaquée, chacune d'elles avec un corps de 150,000 hommes.

ARTICLE IV.

Chaque corps sera respectivement composé de 120,000 hommes d'infanterie et de 30,000 hommes de cavalerie, avec un train d'artillerie et de munitions proportionné au nombre des troupes.

ARTICLE V.

Les parties contractantes n'ayant aucune vue d'agrandissement, et n'étant animées que du seul désir de se protéger dans l'exercice de leurs droits, s'engagent, pour le cas où (ce qu'à Dieu ne plaise!) la guerre viendrait à éclater, à considérer le traité de Paris comme ayant force pour régler, à la paix, la nature, l'étendue et les frontières de leurs possessions respectives.

Fait à Vienne, le 3 février 1815.

Signé : METTERNICH, TALLEYRAND, CASTLEREAGH.

ARTICLE SÉPARÉ.

Les rois de Bavière et de Hanovre et le souverain des Pays-Bas sont invités à accéder au traité recommandé au secret des parties contractantes.

(Les souverains désignés dans l'article séparé donnèrent leur assentiment à ce traité; de plus, le roi de Sardaigne le signa sur l'invitation de l'Autriche et de la France.)

ANNEXE N.

Déclaration des puissances sur l'abolition de la traite des nègres.

Les plénipotentiaires des puissances qui ont signé le traité de Paris du 30 mai 1814 réunis en conférence,

Ayant pris en considération :

Que le commerce connu sous le nom de traite des nègres d'Afrique a été envisagé, par les hommes justes et éclairés de tous les temps, comme répugnant aux principes d'humanité et de morale universelle ;

Que les circonstances particulières auxquelles ce commerce a dû sa naissance, et la difficulté d'en interrompre brusquement le cours, ont pu couvrir jusqu'à un certain point ce qu'il y avait d'odieux dans sa conservation ; mais qu'enfin la voix publique s'est élevée dans tous les pays civilisés pour demander qu'il soit supprimé le plus tôt possible ;

Que depuis que le caractère et les détails de ce commerce

ont été mieux connus, et les maux de toute espèce qui l'accompagnent complétement dévoilés, plusieurs des gouvernemens européens ont pris en effet la résolution de le faire cesser, et que successivement toutes les puissances possédant des colonies dans différentes parties du monde ont reconnu, soit par des actes législatifs, soit par des traités et autres engagemens formels, l'obligation et la nécessité de l'abolir;

Que par un article séparé du dernier traité de Paris, la Grande-Bretagne et la France se sont engagées à réunir leurs efforts au congrès de Vienne, pour faire prononcer, par toutes les puissances de la chrétienté, l'abolition universelle et définitive de la traite des nègres;

Que les plénipotentiaires rassemblés dans ce congrès ne sauraient mieux honorer leur mission, remplir leur devoir et manifester les principes qui guident leurs augustes souverains, qu'en travaillant à réaliser cet engagement, et en proclamant au nom de leurs souverains le vœu de mettre un terme à un fléau qui a si long-temps désolé l'Afrique, dégradé l'Europe et affligé l'humanité;

Lesdits plénipotentiaires sont convenus d'ouvrir leurs délibérations sur les moyens d'accomplir un objet aussi salutaire par une déclaration solennelle des principes qui les ont dirigés dans ce travail.

En conséquence et dûment autorisés à cet acte par l'adhésion unanime de leurs cours respectives au principe énoncé dans ledit article séparé du traité de Paris, ils déclarent à la face de l'Europe, que, regardant l'abolition universelle de la traite des nègres comme une mesure particulièrement digne de leur attention, conforme à l'esprit du siècle et aux principes généraux de leurs augustes souverains, ils sont animés du désir sincère de concourir à l'exécution la plus prompte et la plus efficace de cette mesure par tous les moyens à leur disposition, et d'agir dans l'emploi de ces moyens avec tout le zèle et toute la persévérance qu'ils doivent à une aussi grande et belle cause.

Trop instruits toutefois des sentimens de leurs souverains pour ne pas prévoir que, quelque honorable que soit leur but, ils ne le poursuivront pas sans de justes ménagemens pour les intérêts, les habitudes et les préventions mêmes de leurs sujets, lesdits plénipotentiaires reconnaissent en même temps, que cette déclaration générale ne saurait préjuger le terme que chaque puissance en particulier pourrait envisager comme le plus convenable pour l'abolition définitive du commerce des nègres. Par conséquent la détermination de l'époque où ce commerce doit universellement cesser sera un objet de négociations entre les puissances; bien entendu que l'on ne négligera aucun moyen propre à en assurer et à en accélérer la marche, et que l'engagement réciproque contracté par la présente déclaration entre les souverains qui y ont pris part, ne sera considéré comme rempli qu'au moment où un succès complet aura couronné leurs efforts réunis.

En portant cette déclaration à la connaissance de l'Europe et de toutes les nations civilisées de la terre, lesdits plénipotentiaires se flattent d'engager tous les autres gouvernemens, et notamment ceux qui, en abolissant la traite des nègres, ont manifesté déjà les mêmes sentimens, à les appuyer de leur suffrage dans une cause dont le triomphe final sera un des plus beaux monumens du siècle qui l'a embrassée et qui l'aura glorieusement terminée.

Vienne, le 8 février 1815.

(Suivent les signatures des plénipotentiaires au congrès.)

ANNEXE O.

ARTICLE CXVIII.

Les traités, conventions, déclarations, réglemens et autres actes particuliers qui se trouvent annexés au présent acte, et nommément :

1. Le traité entre la Russie et l'Autriche, du 21 avril (3 mai) 1815;

2. Le traité entre la Russie et la Prusse, du 21 avril (3 mai) 1815;

3. Le traité additionnel relatif à Cracovie, entre l'Autriche, la Prusse et la Russie, du 21 avril (3 mai) 1815;

4. Le traité entre la Prusse et la Saxe, du 18 mai 1815;

5. La déclaration du roi de Saxe sur les droits de la maison de Schombourg, du 18 mai 1815;

6. Le traité entre la Prusse et le Hanovre, du 29 mai 1815;

7. La convention entre la Prusse et le grand-duc de Saxe-Weimar, du 1er juin 1815;

8. La convention entre la Prusse et les duc et prince de Nassau, du 31 mai 1815;

9. L'acte sur la constitution fédérative de l'Allemagne, du 8 juin 1815;

10. Le traité entre le roi des Pays-Bas et la Prusse, l'Angleterre, l'Autriche et la Russie, du 31 mai 1815;

11. La déclaration des puissances, sur les affaires de la Confédération helvétique, du 20 mars, et l'acte d'accession de la diète, du 27 mai 1815;

12. Le protocole du 29 mars 1815, sur les sessions faites par le roi de Sardaigne au canton de Genève;

13. Le traité entre le roi de Sardaigne, l'Autriche, la Russie, la Prusse et la France, du 20 mai 1815;

14. L'acte intitulé: *Conditions qui doivent servir de bases à la réunion des États de Gênes à ceux de Sa Majesté Sarde*;

15. La déclaration des puissances, sur l'abolition de la traite des nègres, du 8 février 1815;

16. Les réglemens pour la libre navigation des rivières;

17. Le réglement sur le rang entre les agens diplomatiques;

Sont considérés comme parties intégrantes des arrangemens du congrès, et auront partout la même force et valeur que s'ils étaient insérés mot à mot dans le traité général.

ARTICLE CXX.

La langue française ayant été exclusivement employée dans toutes les copies du présent traité, il est reconnu par les puissances qui ont concouru à cet acte que l'emploi de cette langue ne tirera point à conséquence pour l'avenir, de sorte que chaque puissance se réserve d'adopter dans les négociations et conventions futures la langue dont elle s'est servie jusqu'ici dans ses relations diplomatiques, sans que le traité actuel puisse être cité comme exemple contraire aux usages établis.

ARTICLE CXXI.

Le présent traité sera ratifié, et les ratifications seront échangées dans l'espace de six mois, par la cour de Portugal dans un an, ou plus tôt si faire se peut.

Il sera déposé à Vienne, aux archives de Cour et d'Etat de S. M. I. et R. A., un exemplaire de ce traité général, pour servir dans le cas où l'une ou l'autre des cours de l'Europe pourrait juger convenable de consulter le texte original de cette pièce.

En foi de quoi les plénipotentiaires respectifs ont signé cet acte, et y ont apposé le cachet de leurs armes.

Fait à Vienne, le 9 juin de l'an de grâce mil huit cent quinze.

(Suivent les signatures dans l'ordre alphabétique des cours:

> Le prince de Metternich, le baron de Wessenberg, le prince de Talleyrand, le duc de Dalberg, le comte Alexis de Noailles, Clancarty, Cathcart, Stewart, L.-G., le comte de Palmella, Antonio de Salhanda da Gama, D. Joaquim Lobo da Silveira, le prince de Hardenberg, le baron de Humboldt, le comte de Rasumowski, le comte de Stackelberg, le comte de Nesselrode, le comte Charles-Axel de Lowenhielm, sauf la réservation faite aux articles 101, 102 et 104 du traité.

Réglement sur le rang entre les agens diplomatiques.

Pour prévenir les embarras qui se sont souvent présentés, et qui pourraient naître encore des prétentions de préférence entre les différens agens diplomatiques, les plénipotentiaires des puissances signataires du traité de Paris sont convenus des articles qui suivent, et ils croient devoir inviter ceux des autres têtes couronnées à adopter le même réglement.

ARTICLE PREMIER.

Les envoyés diplomatiques sont partagés en trois classes : celle des ambassadeurs, légats ou nonces; celle des envoyés, ministres ou autres accrédités auprès des souverains; celle des chargés d'affaires, accrédités auprès des ministres chargés des affaires étrangères.

ARTICLE II.

Les ambassadeurs, légats ou nonces ont seuls le caractère représentatif.

ARTICLE III.

Les envoyés diplomatiques, en mission extraordinaire, n'ont à ce titre aucune supériorité de rang.

ARTICLE IV.

Les envoyés diplomatiques prendront rang entre eux, dans chaque classe, d'après la date de la notification officielle de leur arrivée.

Le présent réglement n'apportera aucune innovation relativement aux représentans du pape.

ARTICLE V.

Il sera déterminé dans chaque Etat un mode uniforme pour la réception des envoyés diplomatiques de chaque classe.

ARTICLE VI.

Les liens de parenté ou d'alliance de famille entre les cours ne donnent aucun rang à leurs envoyés diplomatiques. Il en est de même des alliances politiques.

ARTICLE VII.

Dans les actes ou traités entre plusieurs puissances qui admettent l'alternat, le sort décidera entre les ministres, de l'ordre qui devra être suivi dans les signatures.

Le présent réglement est inséré au protocole des plénipotentiaires des huit puissances signataires du traité de Paris, dans la séance du 19 mars 1815.

ANNEXE P.

Traité du 20 novembre 1815.

Au nom de la Très Sainte et Indivisible Trinité.

Les puissances alliées ayant, par leurs efforts réunis et par le succès de leurs armes, préservé la France et l'Europe des bouleversemens dont elles étaient menacées par le dernier attentat de Napoléon Bonaparte, et par le système révolutionnaire reproduit en France pour faire réussir cet attentat; partageant aujourd'hui avec Sa Majesté Très Chrétienne le désir de consolider, par le maintien inviolable de l'autorité royale et la remise en vigueur de la charte constitutionnelle, l'ordre de choses heureusement rétabli en France, ainsi que celui de ramener, entre la France et ses voisins, ces rapports de confiance et de bienveillance réciproques, que les funestes effets de la révolution et du système de conquête avaient troublés pendant si long-temps; persuadées que ce dernier but ne saurait être atteint que par un arrangement propre à leur assurer de justes indemnités pour le passé et des garanties solides pour l'avenir, ont pris en considération, de concert avec S. M. le roi de France, les moyens de réaliser cet arrangement; et ayant reconnu que l'indemnité due aux puissances ne pouvait être ni toute territoriale, ni toute pécuniaire, sans porter atteinte à l'un ou à l'autre des intérêts essentiels de la France, et qu'il serait plus convenable de combiner les deux modes, de manière à prévenir ces deux inconvéniens, Leurs Majestés Impériales et Royales ont adopté cette base pour leurs transactions actuelles, et se trouvant également d'accord sur celle de la nécessité de conserver pendant un temps déterminé, dans les provinces frontières de France, un certain nombre de troupes alliées, elles sont convenues de réunir les différentes dispositions fondées sur ces bases, dans un traité définitif...

ARTICLE PREMIER.

Les frontières de la France seront telles qu'elles étaient en 1790, sauf les modifications de part et d'autre indiquées dans l'article présent.

1° Sur les frontières du Nord, la ligne de démarcation restera telle que le traité de Paris l'avait fixée, jusque vis-à-vis de Quiévrain; de là elle suivra les anciennes limites des provinces belges, du ci-devant évêché de Liége et du duché de Bouillon, telles qu'elles étaient en 1790, en laissant les territoires enclavés de Philippeville et de Marienbourg, avec les places de ce nom, ainsi que tout le duché de Bouillon, hors des frontières de la France, depuis Villers, près d'Orval (sur les confins du département des Ardennes et du grand duché de Luxembourg) jusqu'à Perle ; sur la chaussée qui conduit de Thionville à Trèves, la ligne restera telle qu'elle avait été désignée par le traité de Paris. De Perle elle passera par Langsdorff, Wallwich, Schardorf, Niederweiling, Pellweiler, tous ces endroits restant avec leurs banlieues à la France, jusqu'à Houvre, et suivra de là les anciennes limites du pays de Sarrebruck, en laissant Sarrelouis et le cours de la Sarre, avec les endroits situés à la droite de la ligne ci-dessus désignée et leurs banlieues, hors des limites françaises. Des limites du pays de Sarrebruck, la ligne de démarcation sera la même qui sépare actuellement de l'Allemagne les départemens de la Moselle et du Bas-Rhin, jusqu'à la Lauter, qui servira ensuite de frontière jusqu'à son embouchure dans le Rhin. Tout le territoire sur la rive gauche de la Lauter, y compris la place de Landau, fera partie de l'Allemagne ; cependant la ville de Weissembourg, traversée par cette rivière, restera tout entière à la France, avec un rayon sur la rive gauche n'excédant pas mille toises.....

2° A partir de l'embouchure de la Lauter, le long des départemens du Bas-Rhin, du Haut-Rhin, du Doubs et du

Jura, jusqu'au canton de Vaud, les frontières resteront comme elles ont été fixées par le traité de Paris. Le thalweg du Rhin formera la démarcation entre la France et les États de l'Allemagne : mais la propriété des îles, telle qu'elle sera fixée à la suite d'une nouvelle reconnaissance du cours de ce fleuve, restera immuable, quelque changemens que subisse ce cours par la suite du temps. La moitié du pont entre Strasbourg et Kehl appartiendra à la France, et l'autre moitié au grand duché de Bade.

3° Pour établir une communication directe entre le canton de Genève et la Suisse, la partie du pays de Gex bornée à l'est par le lac Léman, au midi par le territoire du canton de Genève, au nord par celui du canton de Vaud, à l'ouest par celui de la Versoy et par une ligne qui renferme les communes de Collex-Bossy et Meyrin, en laissant la commune de Ferney à la France, sera cédée à la Confédération helvétique, pour être réunie au canton de Genève. La ligne des douanes françaises sera placée à l'ouest du Jura, de manière que tout le pays de Gex se trouve hors de cette ligne.

4° Des frontières du canton de Genève jusqu'à la Méditerranée, la ligne de démarcation sera celle qui, en 1790, séparait la France de la Savoie et du canton de Nice. Les rapports que le traité de Paris de 1814 avait établis entre la France et la principauté de Monaco, cesseront à perpétuité, et les mêmes rapports existeront entre cette principauté et S. M. le roi de Sardaigne.

5° Tous les territoires et districts enclavés dans les limites du territoire français, telles qu'elles ont été déterminées par le présent article, resteront réunis à la France....

ARTICLE II.

Les places et districts qui, selon l'article précédent, ne doivent plus faire partie du territoire français, seront remis à la disposition des puissances alliées, et S. M. le roi de France renonce à perpétuité, pour elle, ses héritiers ou successeurs, aux droits de souveraineté et de propriété qu'elle a exercés jusqu'ici sur lesdites places et districts.

ARTICLE III.

Les fortifications d'Huningue ayant été constamment un objet d'inquiétude pour la ville de Bâle, les hautes parties contractantes, pour donner à la Confédération helvétique une nouvelle preuve de leur bienveillance et de leur sollicitude, sont convenues entre elles de faire démolir les fortifications d'Huningue ; et le gouvernement français s'engage, par le même motif, à ne les rétablir dans aucun temps, et à ne point les remplacer par d'autres fortifications à une distance moindre que trois lieues de la ville de Bâle.

La neutralité de la Suisse sera étendue au territoire qui

se trouve au nord d'une ligne à tirer depuis Ugine, y compris cette ville, au midi du lac d'Annecy, par Faverge, jusqu'à Lechcraine, et de là au lac du Bourget jusqu'au Rhône, de la même manière qu'elle a été étendue aux provinces de Chablais et de Faucigny par l'article 92 de l'acte final du congrès de Vienne.

ARTICLE IV.

La partie pécuniaire de l'indemnité à fournir par la France aux puissances alliées, est fixée à 700 millions de francs. Le mode, les termes et les garanties du paiement de cette somme, seront réglés par une convention particulière, qui aura la même force et valeur que si elle était textuellement insérée au présent traité.

ARTICLE V.

L'état d'inquiétude et de fermentation dont, après tant de secousses violentes, et surtout après la dernière catastrophe, la France, malgré les intentions paternelles de son roi et les avantages assurés par la Charte constitutionnelle à toutes les classes de ses sujets, doit nécessairement se ressentir encore, exigeant, pour la sûreté des États voisins, des mesures de précaution et de garantie temporaires, il a été jugé indispensable de faire occuper pendant un certain temps, par un corps de troupes alliées, des positions militaires le long des frontières de la France, sous la réserve expresse que cette occupation ne portera aucun préjudice à la souveraineté de S. M. T. C., ni à l'état de possessi n tel qu'il est reconnu et confirmé par le présent traité.

Le nombre de ces troupes ne dépassera pas cent cinquante mille hommes. Le commandant en chef de cette armée sera nommé par les puissances alliées. Ce corps d'armée occupera les places de Condé, Valenciennes, Bouchain, Cambrai, le Quesnoy, Maubeuge, Landrecies, Avesnes, Rocroy, Givet avec Charlemont, Mézières, Sédan, Montmédy, Thionville, Longwy, Bitche et la tête de pont de Fort-Louis. L'entretien de l'armée destinée à ce service devant être fourni par la France, une convention spéciale réglera tout ce qui peut avoir rapport à cet objet. Cette convention, qui aura la même force et valeur que si elle était textuellement insérée dans le présent traité, réglera de même les relations de l'armée d'occupation avec les autorités civiles et militaires du pays.

Le *maximum* de la durée de cette occupation militaire est fixé à cinq ans. Elle peut finir avant ce terme, si, au bout de trois ans, les souverains alliés, après avoir, de concert avec S. M. le roi de France, mûrement examiné la situation et les intérêts réciproques, et les progrès que le rétablissement de l'ordre et de la tranquillité aura faits en France, s'accordent à reconnaître que les motifs qui les portaient à cette mesure ont cessé d'exister. Mais, quel que soit le résultat de cette délibération, toutes les places et positions occupées par les troupes alliées seront, au terme de cinq ans révolus, évacuées sans autre délai et remises à S. M. T. C. ou à ses héritiers et successeurs.

ARTICLE VI.

Les troupes étrangères, autres que celles qui feront partie de l'armée d'occupation, évacueront le territoire dans les termes fixés par l'article 9 de la convention militaire annexée au présent traité.

ARTICLE VII.

Dans tous les pays qui changeront de maître, tant en vertu du présent traité que des arrangemens qui doivent être faits en conséquence, il sera accordé aux habitans naturels et étrangers, de quelque condition et nation qu'ils soient, un espace de six ans, à compter de l'échange des ratifications, pour disposer, s'ils le jugent convenable, de leurs propriétés et se retirer dans tel pays qu'il leur plaira de choisir.

ARTICLE VIII.

Toutes les dispositions du traité de Paris du 30 mai 1814 relatives aux pays cédés par ce traité, s'appliqueront également aux différens territoires et districts cédés par le présent traité.

ARTICLE IX.

Les hautes parties contractantes s'étant fait représenter les différentes réclamations provenant du fait de la non-exécution des art. 19 et suivans du traité du 30 mai 1814, ainsi que les articles additionnels de ce traité signés entre la France et la Grande-Bretagne, désirant de rendre plus efficaces les dispositions énoncées dans ces articles, et ayant à cet effet déterminé, par deux conventions séparées, la marche à suivre de part et d'autre pour l'exécution complète des articles susmentionnés, les deux dites conventions, telles qu'elles se trouvent jointes au présent traité, auront la même force et valeur que si elles y étaient textuellement insérées.

ARTICLE X.

Tous les prisonniers faits pendant les hostilités, de même que tous les otages qui peuvent avoir été enlevés ou donnés, seront rendus dans le plus court délai possible. Il en sera de même des prisonniers faits antérieurement au traité du 30 mai 1814, et qui n'auraient point encore été restitués.

ARTICLE XI.

Le traité de Paris du 30 mai 1814, et l'acte final du congrès du 9 juin 1815, sont confirmés et seront maintenus dans toutes celles de leurs dispositions qui n'auraient pas été modifiées par les clauses du présent traité.

ARTICLE XII.

Le présent traité, avec les conventions qui y sont jointes, sera ratifié en un seul acte, et les ratifications en seront échangées dans le terme de deux mois, ou plus tôt si faire se peut.

En foi de quoi, les plénipotentiaires respectifs l'ont signé et y ont apposé le cachet de leurs armes.

Fait à Paris, le 20 novembre de l'an de grâce 1815.

Signé : Richelieu, Castlereagh, Wellington.

ARTICLE ADDITIONNEL.

Les hautes puissances contractantes, désirant sincèrement donner suite aux mesures dont elles se sont occupées au congrès de Vienne, relativement à l'abolition complète et universelle de la traite des nègres d'Afrique, et ayant déjà, chacune dans ses États, défendu sans restriction à leurs colonies et sujets toute part quelconque à ce trafic, s'engagent à réunir de nouveau leurs efforts pour assurer le succès final des principes qu'elles ont proclamés dans la déclaration du 4 février 1815, et à concerter, sans perte de temps, par leurs ministres aux cours de Paris et de Londres, les mesures les plus efficaces pour obtenir l'abolition entière et définitive d'un commerce aussi odieux et aussi hautement réprouvé par les lois de la religion et de la nature.

Le présent article additionnel aura la même force et valeur que s'il était inséré mot à mot au traité de ce jour, etc.

Le même jour, dans le même lieu et au même moment, le même traité, ainsi que les conventions et articles y annexés, a été conclu entre la France et l'Autriche, entre la France et la Prusse, entre la France et la Russie.

Les annexes du traité du 20 novembre sont au nombre de quatre; en voici les titres :

1. Convention conclue en conformité de l'article 4 du traité principal, et relative au paiement de l'indemnité à fournir par la France aux puissances alliées.

2. Convention conclue en conformité de l'article 5 du traité principal, et relative à l'occupation d'une ligne militaire en France par une armée alliée.

3. Convention conclue en conformité de l'article 9 du

traité principal, et relative à la liquidation des réclamations à la charge du gouvernement français.

4. Convention conclue en conformité de l'art. 9 du traité principal, et relative à l'examen et à la liquidation des réclamations des sujets de Sa Majesté Britannique envers le gouvernement français.

ANNEXE Q.

Sainte-Alliance entre Leurs Majestés l'empereur de toutes les Russies, l'empereur d'Autriche et le roi de Prusse, signée à Paris le 14 (26) septembre 1815.

Au nom de la Très Sainte et Indivisible Trinité.

LL. MM. l'empereur d'Autriche, le roi de Prusse et l'empereur de toutes les Russies, par suite des grands événemens qui ont signalé en Europe le cours des trois dernières années, et principalement des bienfaits qu'il a plu à la divine Providence de répandre sur les États dont les gouvernemens ont placé leur confiance et leur espoir en elle seule, ayant acquis la conviction intime qu'il est nécessaire d'asseoir la marche à adopter par les puissances dans leurs rapports mutuels sur les vérités sublimes que nous enseigne l'éternelle religion du Dieu sauveur ;

Déclarons solennellement que le présent acte n'a pour objet que de manifester à la face de l'univers leur détermination inébranlable, de ne prendre pour règle de leur conduite, soit dans l'administration de leurs Etats respectifs, soit dans leurs relations politiques avec tout autre gouvernement, que les préceptes de cette religion sainte, préceptes de justice, de charité et de paix, qui, loin d'être uniquement applicables à la vie privée, doivent au contraire influer directement sur les résolutions des princes et guider toutes leurs démarches, comme étant le seul moyen de consolider les institutions humaines et de remédier à leurs imperfections.

En conséquence, Leurs Majestés sont convenues des articles suivans :

ARTICLE PREMIER.

Conformément aux paroles des Saintes Ecritures, qui ordonnent à tous les hommes de se regarder comme frères, les trois monarques contractans demeureront unis par les liens d'une fraternité véritable et indissoluble, et, se considérant comme compatriotes, ils se prêteront en toute occasion et en tout lieu assistance, aide et secours; se regardant envers leurs sujets et armées comme pères de famille, il les dirigeront dans le même esprit de fraternité, dont ils sont animés pour protéger la religion, la paix et la justice.

ARTICLE II.

En conséquence, le seul principe en vigueur, soit entre lesdits gouvernemens, soit entre leurs sujets, sera celui de se rendre réciproquement service, de se témoigner, par une bienveillance inaltérable, l'affection mutuelle dont ils doivent être animés, de ne se considérer tous que comme membres d'une même nation chrétienne, ces trois princes alliés ne s'envisageant eux-mêmes que comme délégués par la Providence pour gouverner trois branches d'une même famille, savoir : l'Autriche, la Prusse et la Russie, confessant ainsi que la nation chrétienne, dont eux et leurs peuples font partie, n'a réellement d'autre souverain que celui à qui seul appartient en propriété la puissance, parce qu'en lui seul se trouvent tous les trésors de l'amour, de la science et de la sagesse infinie, c'est-à-dire Dieu, notre divin Sauveur Jésus-Christ, le verbe du Très Haut, la Parole de vie. Leurs Majestés recommandent en conséquence avec la plus tendre sollicitude à leurs peuples, comme unique moyen de jouir de cette paix qui naît de la bonne conscience et qui seule est durable, de se fortifier chaque jour davantage dans les principes et l'exercice des devoirs que le divin Sauveur a enseignés aux hommes.

ARTICLE III.

Toutes les puissances qui voudront solennellement avouer ces principes sacrés qui ont dicté le présent acte, et reconnaîtront combien il est important au bonheur des nations trop long-temps agitées, que ces vérités exercent désormais sur les destinées humaines toute l'influence qui leur appartient, seront reçues avec autant d'empressement que d'affection dans cette sainte alliance.

Fait triple et signé à Paris, l'an de grâce 1815, le 14 (26) septembre.

François. Frédéric-Guillaume.
Alexandre.

Manifeste de l'empereur de Russie en publiant à Saint-Pétersbourg la convention du 26 septembre 1815, le jour de Noël, 25 décembre 1815.

Nous, Alexandre Ier, empereur et autocrate de toutes les Russies, savoir faisons :

Ayant reconnu par l'expérience et des suites funestes pour le monde entier, qu'antérieurement les relations politiques entre les différentes puissances de l'Europe n'ont pas

… pour bases les véritables principes sur lesquels la sagesse divine a, dans la révélation, fondé la tranquillité et le bien-être des peuples, nous avons, conjointement avec LL. MM. l'empereur d'Autriche François Ier, et le roi de Prusse Frédéric-Guillaume, formé entre nous une alliance à laquelle les autres puissances sont aussi invitées d'accéder. Par cette alliance nous nous engageons mutuellement à adopter dans nos relations, soit entre nous, soit par nos sujets, comme le seul moyen propre à la consolider, le principe puisé dans la parole et la doctrine de notre Sauveur Jésus-Christ, qui a enseigné aux hommes qu'ils devaient vivre comme frères, non dans des dispositions d'inimitié et de vengeance, mais dans un esprit de paix et de charité. Nous prions le Très Haut d'accorder à nos vœux sa bénédiction; puisse cette alliance sacrée entre toutes les puissances s'affermir pour leur bien-être général, et qu'aucune de celles qui sont unies avec toutes les autres n'ait la témérité de s'en détacher.

En conséquence nous joignons ici une copie de cette alliance, et nous ordonnons qu'elle soit publiée dans tous nos États, et lue dans les Eglises.

Pétersbourg, le jour de la naissance de notre Sauveur, le 25 décembre 1815.

ALEXANDRE.

Convention entre Sa Majesté le roi de France d'une part, et Leurs Majestés l'empereur d'Autriche, l'empereur de Russie, le roi de la Grande-Bretagne et le roi de Prusse d'autre part, conclue à Aix-la-Chapelle le 9 octobre 1818.

Au nom de la Très Sainte et Indivisible Trinité.

LL. MM. l'empereur d'Autriche, le roi de Prusse et l'empereur de toutes les Russies, s'étant rendus à Aix-la-Chapelle, et LL. MM. le roi de France et de Navarre, et le roi du royaume-uni de la Grande-Bretagne y ayant envoyé leurs plénipotentiaires, les ministres des cinq cours se sont réunis en conférence, et le plénipotentiaire français ayant fait connaître que d'après l'état de la France et l'exécution fidèle du traité du 20 novembre 1815, Sa Majesté Très Chrétienne désirait que l'occupation militaire stipulée par l'article 5 du même traité cessât le plus promptement possible, les ministres des cours d'Autriche, de la Grande-Bretagne, de Prusse et de Russie, après avoir de concert avec ledit plénipotentiaire de France, mûrement examiné tout ce qui pouvait influer sur une décision aussi importante, ont déclaré que leurs souverains admettaient le principe de l'évacuation du territoire français à la fin de la troisième année, etc.

ARTICLE PREMIER.

Les troupes composant l'armée d'occupation seront retirées du territoire de France le 30 novembre prochain, ou plus tôt si faire se peut.

ARTICLE II.

Les places et forts que les susdites troupes occupent seront remis aux commissaires nommés à cet effet par Sa Majesté Très Chrétienne, dans l'état où ils se trouvaient au moment de l'occupation, conformément à l'art. 9 de la convention conclue en exécution de l'art. 5 du traité du 20 novembre 1815.

ARTICLE III.

La somme destinée à pourvoir à la solde, l'équipement, l'habillement des troupes de l'armée d'occupation, sera payée, dans tous les cas, jusqu'au 30 novembre, sur le même pied qu'elle l'a été depuis le 1er décembre 1815.

ARTICLE IV.

Tous les comptes entre la France et les puissances alliées ayant été réglés et arrêtés, la somme à payer par la

France pour compléter l'exécution de l'art. 4 du traité du 20 novembre 1815, est définitivement fixée à deux cent soixante-cinq millions de francs.

Les articles v, vi, vii, sont relatifs à la manière dont sera acquittée la somme stipulée ci-dessus.

ARTICLE VIII.

La présente convention sera ratifiée et les ratifications en seront échangées à Aix-la-Chapelle, dans le délai de quinze jours, ou plus tôt si faire se peut.

Fait à Aix-la-Chapelle, le neuf octobre de l'an de grâce mil huit cent dix-huit.

RICHELIEU.
Le prince de METTERNICH.

Des conventions semblables et particulières ont été signées, le même jour, entre le plénipotentiaire de France et lord Castlereagh et le duc de Wellington pour l'Angleterre, entre le plénipotentiaire de France et le prince de Hardenberg et le comte de Bernstorff pour la Prusse, entre le plénipotentiaire de France et le comte de Nesselrode et le comte Capo-d'Istrias, pour la Russie.

Protocole signé à Aix-la-Chapelle le 15 novembre 1818.

Les ministres d'Autriche, de France, de la Grande-Bretagne, de Prusse et de Russie, à la suite de l'échange de la convention signée le 9 octobre, relativement à l'évacuation du territoire français par les troupes étrangères, se sont réunis en conférence, pour prendre en considération les rapports qui, dans l'état actuel des choses, doivent s'établir entre la France et les puissances co-signataires du traité de paix du 20 novembre 1815; rapports qui, en assurant à la France la place qui lui appartient dans le système de l'Europe, la lieront étroitement aux vues pacifiques et bienveillantes que partagent tous les souverains, et consolideront ainsi la tranquillité générale.

Après avoir mûrement approfondi les principes conservateurs des grands intérêts qui constituent l'ordre des choses établies en Europe, sous les auspices de la Providence divine, moyennant le traité de Paris du 30 mai 1814, le recès de Vienne, et le traité de paix de l'année 1815, les cours signataires du présent acte ont unanimement reconnu et déclarent en conséquence :

1° Qu'elles sont fermement décidées à ne s'écarter, ni dans leurs relations mutuelles, ni dans celles qui les lient aux autres États, du principe d'union intime qui a présidé jusqu'ici à leurs rapports et intérêts communs; union devenue plus forte et indissoluble par les liens de fraternité chrétienne que les souverains ont formés entre eux ;

2º Que cette union, d'autant plus réelle et durable, qu'elle ne tient à aucun intérêt isolé, à aucune combinaison momentanée, ne peut avoir pour objet que le maintien de la paix générale, fondé sur le respect religieux pour les engagemens consignés dans les traités pour la totalité des droits qui en dérivent;

3º Que la France, associée aux autres puissances par la restauration du pouvoir monarchique légitime et constitutionnel, s'engage à concourir désormais au maintien et à l'affermissement d'un système qui a donné la paix à l'Europe, et qui seul peut en assurer la durée.

4º Que si, pour mieux atteindre le but ci-dessus énoncé, les puissances qui ont concouru au présent acte jugeaient nécessaire d'établir des réunions particulières, soit entre les augustes souverains eux-mêmes, soit entre leurs ministres et plénipotentiaires respectifs, pour y traiter en commun de leurs propres intérêts, autant qu'ils se rapportent à l'objet de leurs délibérations actuelles, l'époque et l'endroit de ces réunions seront chaque fois préalablement arrêtés au moyen de communications diplomatiques, et que, dans le cas où ces réunions auraient pour objet des affaires spécialement liées aux traités des autres États de l'Europe, elles n'auront lieu qu'à la suite d'une invitation formelle de la part de ceux de ces États que lesdites affaires concerneraient, et sous la réserve expresse de leur droit, d'y participer directement, ou par leurs plénipotentiaires ;

5° Que les résolutions consignées au présent acte seront portées à la connaissance de toutes les cours européennes, par la déclaration ci-jointe, laquelle sera considérée comme sanctionnée par le protocole en faisant partie.

Fait quintuple et réciproquement échangé, en original, entre les cabinets signataires.

A Aix-la-Chapelle, le 15 novembre 1818.

Metternich, Richelieu, Castlereagh, Wellington, Bernstorff, Nesselrode, Capo-d'Istrias.

ANNEXE R.

Déclaration publiée à Vienne (13 février 1821) (extrait).

.... Sa Majesté s'était rendue à Troppau, afin de délibérer avec ses augustes alliés sur une question de la plus haute importance, non-seulement pour la monarchie autrichienne, mais pour le salut commun de l'Europe. Ces délibérations ne laissèrent heureusement aucun doute sur la manière dont toutes les cours alliées envisageaient l'origine et le caractère de la révolution de Naples, et les dangers dont elle menaçait d'autres États.

Quant aux résolutions qu'exigeait un pareil état de choses, si des circonstances particulières d'un grand poids engagèrent le gouvernement britannique à ne pas partager celles des autres cours, et le cabinet de France à n'y accéder qu'avec des restrictions, l'empereur eut la satisfaction de se trouver entièrement d'accord sur toutes les questions avec les souverains de Russie et de Prusse, et de se convaincre en même temps que les différences de position et de marche entre les puissances de l'Europe n'en amèneraient aucune dans les bases de leur alliance et dans l'uniformité générale de leurs principes et de leurs vues.

Les souverains réunis à Troppau, décidés à ne pas reconnaître les changemens que la force ou la révolte avaient opérés à Naples, et à faire cesser, par des efforts communs, les résultats de ces changemens, n'en étaient pas moins animés du plus vif désir d'atteindre à ce but par des voies pacifiques, et avec tous les ménagemens dus à un pays déchiré déjà par tant de convulsions et de calamités...

Dans l'ensemble des transactions qui viennent d'avoir lieu, les monarques alliés n'ont en vue que le salut des États qu'ils sont appelés à gouverner, et le repos du monde. C'est là tout le secret de leur politique. Aucune autre pensée, aucun autre intérêt, aucune autre question n'a trouvé place dans les délibérations de leurs cabinets. L'inviolabilité de tous les droits établis, l'indépendance de tous les gouvernemens légitimes, l'intégrité de toutes leurs possessions : telles sont les bases dont leurs spéculations ne s'écarteront jamais.

Les monarques seraient au comble de leurs vœux, et amplement récompensés de leurs efforts, s'il était possible d'assurer sur les mêmes bases la tranquillité au sein des Etats, les droits des trônes, la vraie liberté et la prospérité des peuples, biens sans lesquels la paix extérieure elle-même ne saurait avoir ni prix ni durée. Ils béniraient le moment où, affranchis de toute autre sollicitude, ils pourraient exclusivement consacrer au bonheur de leurs sujets tout ce que le ciel leur a conféré de moyens et de pouvoir.

ANNEXE S.

Dépêche circulaire adressée aux ministres de Sa Majesté Britannique près les cours étrangères
(Bureau des affaires étrangères, 19 janvier 1821.

Monsieur, je n'aurais pas jugé nécessaire de vous faire aucune communication dans l'état actuel des discussions entamées à Troppau, et transférées à Laybach, sans une circulaire adressée par les cours d'Autriche, de Prusse et de Russie à leurs légations respectives, et qui, si le gouvernement de Sa Majesté ne s'expliquait pas à cet égard, pourrait donner lieu à des impressions très erronées sur les sentimens précédens et actuels du gouvernement britannique. Il est donc devenu nécessaire de vous informer que le roi a jugé devoir refuser de prendre part aux mesures en question.

Ces mesures embrassent deux objets distincts : 1º la fixation de certains principes généraux destinés à régler à l'avenir la conduite politique des alliés dans les cas qui y sont indiqués ; 2° le mode proposé d'agir d'après ces principes, relativement aux affaires actuelles de Naples.

Le système des mesures proposé sur le premier point serait, s'il était l'objet d'une réciprocité d'action, diamétralement opposé aux lois fondamentales de la Grande-Bretagne. Mais, lors même que cette objection décisive n'existerait pas, le gouvernement britannique n'en jugerait pas moins que les principes qui servent de base à ces mesures ne peuvent être admis avec quelque sûreté comme système de loi entre les nations. Le gouvernement du roi pense que l'adoption de ces principes sanctionnerait inévitablement et pourrait amener par la suite, de la part des souverains moins bienveillans, une intervention dans les affaires intérieures des États, beaucoup plus fréquente et plus étendue que celle dont il est persuadé que les augustes personnages ont l'intention d'user, ou qui puisse se concilier avec l'intérêt général ou avec l'autorité réelle et la dignité de souverains indépendans. Le gouvernement de Sa Majesté ne croit pas que, d'après les traités existans, les alliés aient le droit d'assurer aucuns pouvoirs généraux de cette espèce, et il ne croit pas davantage qu'ils puissent s'arroger des pouvoirs aussi extraordinaires, en vertu d'aucune nouvelle transaction diplomatique entre les cours alliées, sans s'attribuer une suprématie incompatible avec les droits d'autres États ou même, en acquérant ces pouvoirs du consentement spécial desdits Etats, sans introduire en Europe un système fédératif, oppresseur, et qui, non-seulement serait inefficace dans son effet, mais encore pourrait avoir les plus graves inconvéniens....

Signé : Castlereagh.

ANNEXE T.

Déclaration publiée, au nom des cours d'Autriche, de Prusse et de Russie, lors de la clôture du congrès de Laybach, le 12 mai 1821.

L'Europe connaît les motifs de la résolution prise par les souverains alliés d'étouffer les complots et de faire cesser les troubles qui menaçaient l'existence de cette paix générale dont le rétablissement a causé tant d'efforts et tant de sacrifices.

Au moment même où leur généreuse détermination s'accomplissait dans le royaume de Naples, une rébellion d'un genre plus odieux encore, s'il était possible, éclata dans le Piémont...

Le plan d'une subversion générale était tracé dans cette combinaison contre le repos des nations. Les conspirateurs du Piémont avaient leur rôle assigné, ils se sont hâtés de le remplir.

Le trône et l'État ont été trahis, les sermens violés, l'honneur militaire méconnu, et l'oubli de tous les devoirs a bientôt amené le fléau de tous les désordres.

Partout le mal a présenté le même caractère, partout un même esprit dirigeait ces funestes révolutions.

Ne pouvant trouver de motif plausible pour les justifier, ni d'appui national pour les soutenir, c'est dans de fausses doctrines que les auteurs de ces bouleversemens cherchent une apologie; c'est sur de criminelles associations qu'ils fondent un plus criminel espoir. Pour eux, l'empire salutaire des lois est un joug qu'il faut briser. Ils renoncent aux sentimens qu'inspire le véritable amour de la patrie; et, mettant à la place des devoirs connus, les prétextes arbitraires et indéfinis d'un changement universel dans les principes constitutifs de la société, ils préparent au monde des calamités sans fin.

Les souverains alliés avaient reconnu les dangers de cette conspiration dans toute leur étendue; mais ils avaient pénétré en même temps la faiblesse réelle des conspirateurs à travers le voile des apparences et des déclamations. L'expérience a confirmé leurs pressentimens. La résistance que l'autorité légitime a rencontrée a été nulle, et le crime a disparu devant le glaive de la justice.

Ce n'est point à des causes accidentelles, ce n'est pas même aux hommes qui se sont si mal montrés le jour du combat, qu'on doit attribuer la facilité d'un tel succès. Il tient à un principe plus consolant et plus digne de considération.

La providence a frappé de terreur des consciences aussi coupables; et l'improbation des peuples, dont les artisans de troubles avaient compromis le sort, leur a fait tomber les armes des mains.

Uniquement destinées à combattre et à réprimer la rébellion, les forces alliées, loin de soutenir aucun intérêt exclusif sont venues au secours des peuples subjugués, et les peuples en ont considéré l'emploi comme un appui en faveur de leur liberté, et non comme une attaque contre leur indépendance. Dès-lors la guerre a cessé; dès-lors les États que la guerre avait atteints n'ont plus été que des États amis pour les puissances qui n'avaient jamais désiré que leur tranquillité et leur bien être....

La justice et le désintéressement qui ont présidé aux délibérations des monarques alliés régleront toujours leur politique. A l'avenir, comme par le passé, elle aura toujours pour but la conservation de l'indépendance et des droits de chaque État, tels qu'ils sont reconnus et définis par les traités existans. Le résultat même d'un aussi dangereux mouvement sera encore sous les auspices de la providence, le raffermissement de la paix que les ennemis des peuples s'efforcent de détruire, et la consolidation d'un ordre de choses qui assurera aux nations leur repos et leur prospérité!

Pénétrés de ces sentimens, les souverains alliés, en fixant un terme aux conférences de Laybach, ont voulu annoncer au monde les principes qui les ont guidés. Ils sont décidés à ne jamais s'en écarter, et tous les amis du bien verront et trouveront constamment dans leur union une garantie assurée contre les tentatives des perturbateurs.

C'est dans ce but que Leurs Majestés Impériales et Royales ont ordonné à leurs plénipotentiaires de signer et de publier la présente déclaration.

Laybach, le 12 mai 1821.

Autriche, Metternich, baron de Vincent.
Prusse,   Krusemarck.
Russie,   Nesselrode, Capo-d'Istrias,
            Pozzo di Borgo.

FIN.

TABLE.

	Pages.
Circonscription actuelle de l'Europe	1
§ Ier. — La France et le traité du 30 mai 1814	7
II. — Attitude prise par la maison de Bourbon ; diplomatie de M. de Talleyrand.	13
III. — Convocation du congrès à Vienne	19
IV. — La Pologne	29
V. — La Saxe	36
VI. — Le royaume Hollando-Belge	45
VII. — La constitution de l'Allemagne.	50
VIII. — L'Italie	56
IX. — La Suisse.	63
X. — La triple alliance de la France, de l'Angleterre et de l'Autriche.	71
XI. — Questions morales du congrès. La traite des Noirs. Piraterie. Les Colonies.	75
XII. — Débarquement de Bonaparte. Déclaration. Traité militaire. Conclusion du congrès. . . .	80
XIII. — Seconde restauration. Traité du 20 novembre 1815.	87
XIV. — Actes particuliers des puissances relatifs à la Pologne et à l'Allemagne. Déclaration de la Sainte-Alliance.	93
XV. — Réaction européenne contre l'esprit libéral. Congrès d'Aix-la-Chapelle	112
XVI. — Les réunions de Carlsbad, de Troppau, de Laybach et de Vérone	127
XVII. — La révolution de Juillet	147
XVIII. — Première modification au traité de Vienne. La Belgique.	153
XIX. — Interprétation donnée par la Russie aux actes du congrès de Vienne sur la Pologne après l'insurrection	158
XX. — Additions, explications du congrès de Vienne. La Suisse depuis 1830. La question d'Orient. La traite des noirs.	163
XXI. — Réunion de la ville libre de Cracovie.	166
XXII. — Conduite de la France ; protestation; nécessité d'un congrès ou d'une conférence	173
XXIII. — Protection des neutres et des États intermédiaires,	180

TABLE.

ANNEXES.

Pages.

ANNEXE A. — Traité de paix entre le roi Louis XVIII et les puissances alliées du 30 mai 1814. . . . 187
— B. — Congrès de Vienne. Personnel du comité des huit. 202
— C. — Actes du congrès de Vienne sur la Pologne. . 204
— D. — Traité entre la Russie et la Prusse, du 21 avril (3 mai) 1815. 209
— E. — Traité additionnel relatif à Cracovie entre l'Autriche, la Prusse et la Russie, du 21 avril (3 mai) 1815. 211
— F. — Constitution de la ville libre de Cracovie . . 218
— G. — Actes du congrès de Vienne sur la Saxe. . . 229
— H. — Formation du royaume des Pays-Bas. . . . 231
— I. — Francfort 234
— J. — Confédération germanique. 235
— K. — Royaume de Sardaigne. 246
— L. — Confédération suisse 256
— M. — Traités secrets entre l'Autriche, l'Angleterre et la France, conclu à Vienne le 3 février 1815. 263
— N. — Déclaration des puissances sur l'abolition de la traite des nègres. 267
— O. — 271
— P. — Traité du 20 novembre 1815. 277
— Q. — Sainte-Alliance entre Leurs Majestés l'empereur de toutes les Russies, l'empereur d'Autriche et le Roi de Prusse, signée à Paris le 14 (26) septembre 1815. 289
Convention entre Sa Majesté le roi de France d'une part, et Leurs Majestés l'empereur d'Autriche, l'empereur de Russie, le roi de la Grande-Bretagne et le roi de Prusse d'autre part, conclue à Aix-la-Chapelle le 9 octobre 1818. 294
— R. — Déclaration publiée à Vienne (13 février 1821) (extrait) 300
— S. — Dépêche circulaire adressée aux ministres de Sa Majesté Britannique près les cours étrangères (Bureau des affaires étrangères, 19 janvier 1821 303
— T. — Déclaration publiée, au nom des cours d'Autriche, de Prusse et de Russie, lors de la clôture du congrès de Laybach, le 12 mai 1821. 306

FIN DE LA TABLE.

www.ingramcontent.com/pod-product-compliance
Lightning Source LLC
Chambersburg PA
CBHW071328150426
43191CB00007B/659